国語専門塾「鶏鳴学園」代表
中井浩一

脱マニュアル小論文

作文と論文をつなぐ指導法

大修館書店

目次

序　「小論文」はこのままでいいのか

Ⅰ 「小論文」「ＡＯ入試」導入の背景

少し乱暴な言い方になるが、かつて、一九八〇年ごろまでの高校現場では作文や表現指導はほとんど行われていなかった。もっとも、これは高校だけの特殊な問題ではない。日本では小中高を通して考えても、小学校がかろうじて作文教育を行っている程度で、高校も中学も、表現指導はなおざりにされてきたのである。夏休みに読書感想文を書かせるのが精一杯だし、それも添削はおろか返却さえされていないところが多かったようだ。

もちろん中学や高校の国語科では、一部に熱心な先生方がいる。理科や数学、社会や保健体育などの教科でも一生懸命に表現指導に取り組んでいる先生方がいる。

私学の中高一貫校の一部では、中学の卒業論文や、課題研究に熱心に取り組んでいるところもある。一部の公立校でもそうした挑戦が行われている。しかし、これらは全体から見れば例外的だった。

実は、これは小中高だけの問題ではなく、大学でも事情は同じだ。レポートや論文の指導がきちんと行われていないし、文系でも卒業論文が課されないところが多いのだ。

高校現場の状況が少し変わったのは、大学入試に「小論文」が入ってきたからだ。一九八〇年代に、慶應や早稲田などで「小論文」入試が始まり、それが次第に広がった。国公立大学でも八八年に前期と後期の分離分割入試に移行し、前期との差別化を図るために後期で小論文入試が導入された。九〇年代になるとほとんどの国公立大学は後期で小論文と面接だけの入試を行うようになった。

なぜだったのだろうか。当時は、センター試験導入以来の偏差値による大学の序列化が進み、各大学の学生が均一化していた。偏差値の高い大学にはいわゆる「優等生」が集中するのだが、彼等の多くは「既成の観念で物事を処理して自ら現実にぶつかって解決を図ろうとしないタイプの青年」(「第十四期中央教育審議会最終答申」)であった。

早稲田、慶應などのいわゆる「難関大学」においても学生の質が低下し、それが深刻化してきていた。具体的には、大学のゼミが成立しなくなってきたのだ。自説がない、リーダーシップが取れない、文章が書けない、感情的で言語化能力が低い、等々。

小論文入試は、こうした学生の現状に対する危機感から導入されたのである。

九〇年代に入ると、慶應の湘南藤沢キャンパス(SFC)でAO入試を実施した。そこでは、志望理由書や調査書、さらには面接などで自己アピールが求められた。

SFCは、アメリカ型の大学を日本に作ることを目的とし、「問題解決型」、文理融合・学際的研究、「実学」志向、先端的な情報教育と語学教育を標榜した。その挑戦にふさわしいのは、従来型の秀才ではなく、独創性と個性、才能を持った人材だ。その選抜にも新しい方法が試行された。「筆記試験による一面的、画一的な能力評価」から、「筆記試験によらず書類審査と面接によって多面的、総合的に評価」する入試へ。

このAO入試と学校の推薦が不要な自己推薦が、九〇年代後半から急速に広がってきた。国立大学でも東北、北大、筑波、九州大など、旧帝大を含む主要大学にまでAO入試が広がっている。

こうした入試の流れは、高校現場に「小論文」や志望理由書作成などの対策を強制することになり、表現指導を必須のものにした。しかし、本格的な取り組みではなく、多くの場合は、応急処置的な対策、促成栽培法が採用されたのだった。二、三カ月で何とか形を整えるようなマニュアル的な指導である。ひどい場合は、国立大学の前期終了後の二週間で後期の「小論文」対策を行う場合もあるのだ。私はこうした小論文を「マニュアル小論文」と呼んでいる。

「マニュアル小論文」普及の結果は、同じ様な文章、型どおりの答案ばかりになる結果をもたらし、早稲田（一文）など「小論文」を廃止する大学も続出した。「小論文入試の答案が画一的で面白くない」「予備校などでマニュアル的な小論文指導をしていることが原因ではないか」。「文章が個性的でない」「序論、本論、結論といった形式はできているが、結論が借り物で、本論と結びつかない」「結論部で決意表明をするのは止めるべきだ。不自然である」等々、大学教員の不満の声が続く。

高校や塾・予備校での指導では、ＡＯ入試や自己推薦の志望理由書や「小論文」でも、マニュアル的な指導が多いのが実態なのである。本書の読者の方々は、そうした中で「これでいいのか」と悩んでこられたのではないか。

そんなところに、二〇〇三年度から総合学習が導入された。これは、体験学習を重視し、校外での現地調査と取材、聞き書きなどが取り入れられている。総合学習では、レポートや報告書、聞き書きや発表会など、多様な表現活動が伴う。

さらに、近年のフリーター、ニートの急増を受けて、キャリア教育や進路指導の充実が唱えられ、そこでも表現指導が求められている。

こうした外圧が強まる中で、高校現場も変わりつつある。一部の熱心な先生方の中から、本格的な表現指導の試みが行われるようになってきている。

「マニュアル小論文」に飽き足らない思いを持った先生方は本格的な指導を模索し始めている。学校内に「小論文」委員会を組織して、学科を越えた連携を生みだしているところもある。総合学習でも、学年全体で表現指導を行うところも出てきている。進路指導のために、「職業や大学」の調査活動を行い報告書を書かせる学校も増えてきた。ＡＯ入試の「志望理由書」作成のために「自分史」の指導から始める先生方もいる。

そうした方々を支援するのが本書の目的である。

1　大学入試「小論文」の何が問題なのか

小論文入試は、かつて大学入試の切り札であった。従来型の偏差値秀才ではなく、強い問題意識を持ち、豊かな生活経験から深い思索をしてきた学生を選抜したい。また、現場での調査活動をし、文献でよく考えてきたような学生を選抜し、研究者としての前提を確認し、大学のゼミでの活躍を期待したい。

しかし、現在それは一部成功していても、全体としては上手く機能していないようだ。慶應大学のようにほぼ全学部で小論文を課す大学もあれば、早稲田、立教などのように小論文から撤退してしまう大学もある。早稲田（一文）では、逆さまの世界地図を出すなど、ユニークな課題を出して注目を浴びたりしたが、結局は廃止している。

原因は予備校や高校での小論文指導で、マニュアル的な指導が進み、どれも同じ様な答案ばかりになってしまったことによるらしい。

どんな入試でも「対策」は講じられる。小論文の不幸は、「マニュアル小論文」によってナカミのないものばかりになったことだろう。ナカミとは、問題意識であり、それを支える豊かな生活経験や現場での調査活動、文献による深い思索のことだ。

しかし、それは「マニュアル小論文」だけの問題ではないだろう。この小論文の出題形式が、そもそもナカミのない文章を輩出させる面がある。それは第一に、短い制限時間と短い制限字数という制約であり、第二に、テキストも指定されるという制約である。特に後者が問題であろう。小論文のほとんどが、テキストを与えてそれについての論述を求める形式なのだが、大概の受験生は、テキストに引きずられ自分を見失うのだ。

Ⅲ 「マニュアル小論文」VS「考える小論文」

この問題を考えるために、小論文指導で有名な二つの指導法を比較してみよう。「マニュアル小論文」VS「考える小論文」だ。

世間に出回っているのは「マニュアル小論文」である。「受験小論文の神様」こと樋口裕一氏の「四部構成」(問題提起→意見提示→展開→結論)などを代表とするが、決まった枠組みを示して、それに合わせて書かせるものだ。

樋口氏には『受かる小論文の書き方』(ゴマブックス)など多数の著書がある。この樋口方式では、テキストにどう対峙させているだろうか。樋口氏は、テキストへの賛否を中心に述べることを求める。したがって、「四部構成」は次のようになる。「問題提起」でテキストを要約し、「著者は『……』と主張している。はたしてほんとうだろうか」と書く。そして、その主張に賛成か反対かを次の「意見提示」で示し、その根拠を「展開」で書き、最後の「結論」で、再度賛否を繰り返す。これが「四部構成」法である。

こうした「マニュアル小論文」派に対して、小論文にはマニュアル(正解)はないとする一派も存在する。西研氏編著の『「考える」ための小論文』（ちくま新書）のような立場だ。これは「マニュアル小論文」に不満を感じている方々に支持されているようだ。

この『「考える」ための小論文』という ネーミング自体が、「マニュアル小論文」を「『考えない』ための小論文」として批判する立場に立つことを宣言していると、私には思われる。

マニュアルがないということは、「小論文に『正解』はない、だから書き方にも『正解』はない」という意味であるから、西氏たちは一つの構成に押し込めることには反対し、論文の三要素として、①〈問い〉を提出する、②問いについてあれこれと〈検討〉する、③検討したことをまとめながら自分なりの〈答え＝主張〉を出す、と示すにとどめている。

また、西氏たちは、テキストに賛成か反対かを問う形式にも疑問を投げかけている。賛成の場合は「オウム返し型」「なぞり型」になり、反対する場合は「違和感」「反発」からテキストを攻撃することになりやすく、暴論か独善になりやすい。

樋口氏等への代案としては、テキストを「自分にひきつける」「問題状況を設定せよ」などの提案をしている。

その小論文の構成案は、①筆者の主張をまとめる。↓②賛成か反対かを述べる。↓③その理由を説明する、となっている。

この「マニュアル小論文」と「考える小論文」とを比較すると、私に近いのはもちろん「考える小論文」の方である。しかし、私と西氏たちの間にも、なお大きな隔たりがあるように思う。

西氏もそうだろうが、私は「マニュアル小論文」を全否定するわけではない。それは根拠に基づいて意見を述べる練習になるし、対比という論文のスタイルを学ぶことにも意義がある。何よりも、一、二カ月での「促成栽培」が可能なことが、現場の教員や高校生に支持されている理由だろう。

しかし、「マニュアル小論文」は形式を整えるものであって、本格的にナカミを作り上げようとするものではない。ナカミとは本人の問題意識であり、それを支える豊かな生活経験や現場での調査活動、文献による深い思索のことだ。「マニュアル小論文」は、こうしたナカミの養成を目的とはしていないのだ。むしろ、本気でナカミを作るためには有害だろう。

これに対して、「考える小論文」がナカミを作り上げようとするものであることは明らかだ。西氏は「経験」から「論文」を導出しようとしているぐらいである。しかし、私の立場との違いも大きい。三者の立場の違いは、「小論文」において最も大きくなる。テキストと高校生の問題意識の関係と、それを表現する「構成」を比較してみよう。

Ⅳ　小論文構成の起点と「自分のない」小論文

テキストを与えて意見を求める出題は「小論文」でよく出題される形式であるが、私はその構成の始点が重要だと考える。ナカミを問うならば、高校生自身の問題意識が起点になるよう

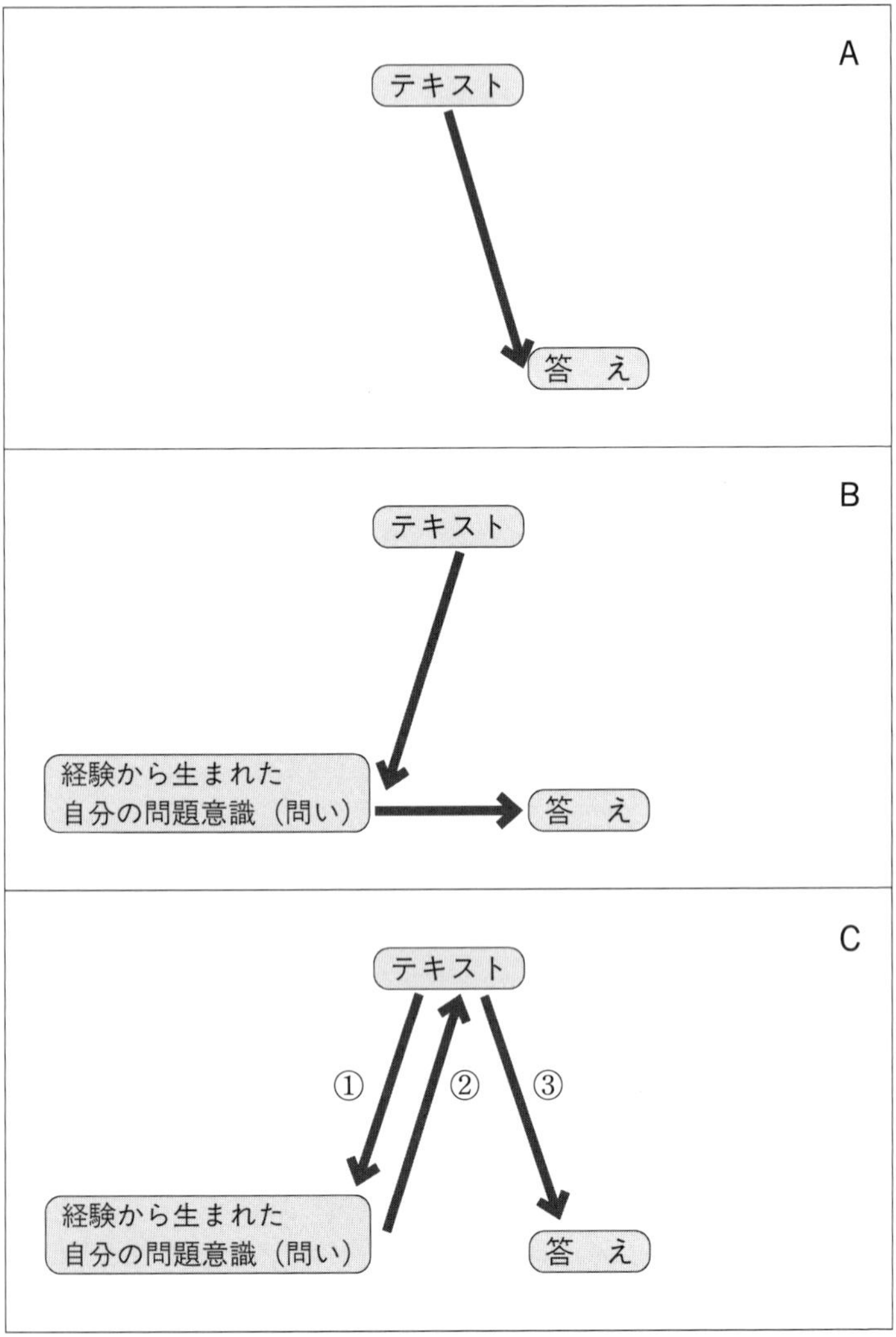
A
テキスト
答　え
B
テキスト
経験から生まれた
自分の問題意識（問い）
答　え
C
テキスト
①
②
③
経験から生まれた
自分の問題意識（問い）
答　え

な形式を求めなければならないのではないか。そうでない場合は、ただテキストの論点をなでまわすだけになってしまうだろう。

図式化すると、樋口氏の方法はAで、テキストから始まり、そのテキストについての自分の意見（賛否）をまとめるものだ。ここでは、自分の生活経験やオリジナルな問題意識が問われることはない。

西氏たちの方法はBで、テキストから一旦、「自分にひきつける」、自分の「設定した問題状況」に持ってくる。そして、そこから考えたことをまとめて「答え」とする。ここでは、自分の生活経験やオリジナルな問題意識こそが問われる。

ここまでは、西氏と私とは同じなのだが、その後が違うのだ。私は、Cのように起点になるべきなのは自分の生活経験やオリジナルな問題意識なのだと考えている。だから、まずは自分の生活経験から自力で一般化した「論文」を書いた上で、その同じ題材でテキストをもとにした「小論文」を書くように指導している。

テキストを、「自分にひきつけ」、自分の「設定した問題状況」に持ってくることが可能なのは、最初から、テキストとは無関係に自分の問題意識を強固に持っていた場合だけである。これがもし弱いならば、どのような構成にしたところでテキストに引きずられた、「自分のない」小論文にしかならないだろう。

図式的に言えば、「テキスト」→「経験から生まれた自分の問題意識」までは西氏たちと同じだが、私は改めて「経験から生まれた自分の問題意識」から始めて、「テキスト」を媒介として、答えを出していくことになる。起点は、あくまでも自分の問題意識なのである。

したがって、私と西氏では、求める構成が違ってしまうのだ。西氏たちの構成案は、前述の通り、①筆者の主張をまとめる。→②賛成か反対かを述べる。→③その理由を説明する、となっている。

しかし、これでは樋口氏の四部構成と何が違うのだろうか。著者への賛否を中心にする点では、何も違いはないのではないか。そもそも、高校生がプロの評論家や学者に賛成したり反対したりすることに何の意味があるのだろうか。また、プロと競い合って勝てるような高校生はほとんどいないのだから、皆が「オウム返し型」「なぞり型」になってしまうのは当然だろう。

私の求める構成は、こうしたものではない。テキストがあろうがなかろうが、自分の経験や調査した事実を根拠とし、それを起点として始めるのだ。

以上のことは、「マニュアル小論文」や「考える小論文」への批判にとどまるものではない。なぜなら、このような構成を誘導している出題者側の問題があるからだ。私は、小論文の出題者である大学の先生方にも問題提起したいのである。「あなたの大学で求めているのは、どちらの学生ですか。それをはっきりさせてください」。

Ⅴ　生活経験を書くことが表現指導の要

すでに述べたように、表現指導を求める外圧が強まっている。その中で、各地の高校ではさまざまな試みが行われている。そのための先生方の苦労は大変なものがある。しかし、どこも、なかなか上手くいっていないのが実情ではないだろうか。

では、どうすればよいのか。本書では、第二章以下で、そのための具体的な方法を詳しく論じていくが、第一のポイントは、すべての起点に生徒の生活経験を置くことである。第二にそれを踏まえた上での調査や聞き取りを必須の過程と考えることである。この二点にじっくりと時間をかけて取り組ませることが重要だと考える。

生活経験を書く、などというと「それでは作文ではないか」「入試に対応できるのか」といった疑問を抱く方もいらっしゃるだろう。しかし、私の方法は、長年国語専門塾で、多くの生徒達を指導するなかで、試行錯誤の結果得られたものであり、事実、いわゆる難関大学に毎年多数の合格者を出している。慶應大学の各学部、東大や京大など国公立大学の、小論文入試やＡＯ入試でも成果を上げてきた。この方法で、どのような大学入試の小論文、ＡＯ入試にも対応できる真の表現力が身につくのである。

しかし、「小論文」をめぐる問題は根深く、日本の学問や文化のあり方にも深く関わっているように思われる。次章ではそれを詳しく検証してみたい。

VI　塾の特殊な方法か

　さて、以上で私の方法のアウトラインはご理解いただけたと思う。ここで読者の中には、私の方法が塾という特殊な場で生まれたものであり、学校という一般的な場では役立たないのではないか、と心配される方もおられることと思う。「優秀な生徒だけを集め、少人数で行っているからできる」方法なのではないか。さまざまな階層から生徒が集まり、単位数や授業時数が限られ、四〇人学級の一斉授業で行う普通の高校では、不可能な方法なのではないか。

　私の方法は塾で生まれたものである。また、確かに通塾生には私学の中高一貫進学校の生徒が多く、難関校に進学している場合が多い。しかし、その一方では「不登校」や「ひきこもり」など、さまざまな理由で学校には通学できない若者も在籍している。彼等の作文も本書には収録されている。また、少人数とはいえ、個別指導よりも一斉授業を中心に指導している。

　本書で紹介する方法は、原理的には広く一般に通用する方法だと、私は考えている。事実、私が高校や中学現場の先生方と行っている研究会では評価されているし、こうした仲間の方々だけではなく、私の方法を学校現場で応用して成果を上げている方々も存在する。

　もちろん、塾だからできることもある。例えば、塾では一クラスの人数は一〇人前後と少ない。それゆえに生徒間の相互批評などは丁寧に行うことができる。しかし、だから学校ではできないとは思わない。そこで、塾の特殊性だと思われるだろうことには、高校現場の一斉授業でもできるような代案を提出するようにした。それも、研究会の仲間の先生方が実際に行っている方法である。

　また、第二章以降では、私が実際に東京の私立高校で高三生対象の一年間の選択授業「小論文演習」で行っている方法を中心に、説明させていただく。すぐに、使っていただける方法を提供するためである。

第一章　表現をめぐる諸問題

1　「観念病」と「情緒病」克服のために

Ｉ　「観念病」と「情緒病」

表現指導について考えるためには、学習指導要領に書かれているような抽象的で一般的な「能書き」から始めても無意味だろう。私たちは、高校生の実態を知り、その病理を深く理解するところから始めるべきだ。表現指導法の是非は、その病理への対策として有効かどうかでチェックされるべきだからだ。

では、彼らの、広く一般的で、深刻な病巣とは何だろうか。それは「観念病」と「情緒病」である。

作文教育に携わっている先生方ならば良く御存知のことと思うが、前者は男子に、後者は女子に多く見られる。「観念病」は「優等生」の特徴でもある。それは、どこかの社説で読んだような内容が、ありきたりの結論と、最後に二、三行の決意表明、覚悟、又は社会への要望を述べて終わる。そうした型通りに展開され、難解で抽象的な概念が多用されるが、根拠となる事実、実際に何を経験した上で物を言っているのかが不明な文章だ。

「観念病」が実際の自分の生活経験を通していない、よそよそしい抽象概念と論理操作に終始しているのに対して、自分の生活経験に埋没しているのが「情緒病」だ。文章の大半が、著者の感情、情緒の吐露に終始しており、実際に何が起きたのかはよく分からない。

高校の多くの男子や優等生は、観念操作に巧みであるが、大きな観念や言葉が、どのような現実の社会問題や自分の生活経験に対応しているのかを、丁寧に考えることをしない。多くの女子は、実感の中に閉じこもり、その感情をもたらした事実にきちんと向き合わない。ともに、思考や感情の根拠（事実）が不明なのである。そこからは、紋切り型や、ありきたりの決意表明しか生まれない。

しかし、考えてみたい。思考や感情の真実性とは、それを生みだした根拠によって知られるのではないのか。その根拠をしっかりと把握することは、自分の思考や感情を鍛え上げるために必要不可欠のものではないのか。私は、根拠となる事実を見つめるところから、表現指導を始めたいと思うのだ。

❖指導のポイント①

- 「観念病」は、生活経験を通さずに抽象概念と論理操作に終始する。
- 「情緒病」は、著者の感情、情緒の吐露に終始する。共に、事実にきちんと向き合わない。

もっとも、「観念病」と「情緒病」をただ否定するだけでは一面的である。これらは高校生の発展の一つの過程として、肯定しなければならない側面を持っている。「観念病」とは、狭い個人的生活経験から大いなる世界に飛翔することであり、未知なる異界との出会いなのだ。社会的視野を拡大し、観念や普遍的思考を獲得することは、思春期の大切な段階である。そこには親や周囲の考えを相対化し、自己自身を相対化し、自分の生き方を見つめ直すという大きな意味がある。

一方の「情緒病」とは、自己を対象世界に没頭させ、対象と一体化する能力である。すべてを自己に取り込もうとすることは、自我の発達の重要な段階であろう。

このように「観念病」と「情緒病」は、彼等が重要な発達段階にあることを示唆するメルクマールでもあるのだ。ただ問題なのは、そこに止まってしまうことだ。そこから始まることを大いに肯定するにしても、それを本当に生かし成長するためには、先に進まなければならないのである。

私のもとで初めて書いた高校生の文章を示し、「観念病」と「情緒病」の実際を説明したい。彼等に用意した課題は「経験を書く」ことだ。

Ⅱ 「観念病」の実例　その1

「偏差値教育」。現在の日本の教育を語ると必ず出てくる言葉である。日本は、この五十年間で大きな変化をとげてきた。高度な経済成長とともに産業は第一から第三次産業へとめまぐるしい成長をみせた。しかし、この社会の変化は、自ら工場で働くよりも、その工場を操る人間を優先させる社会への変革でもあった。そのため、人々は人と人との間に「差」をつくらねばならなかった。そのために用いられたのが「偏差値」である。人々は、より高い偏差値を手に入れるために偏差値の高い大学にむらがり、しまいには中学・高校までも偏差値に支配されていった。

こんな時代の中、僕は国立大学の付属中に入学した。その中で僕の周囲は、偏差値の高い大学を目指す人々の集まりだった。最初はとまどいを感じながらも、僕は周囲に流され偏差値の高い大学に入るためだけに勉強するようになっていった。そこで僕が感じたものは、ただ漠然と鉛筆を動かす自分と、己の存在が消え、テストの点と少々の遊びだけに喜びを感じるロボットの様な自分だった。

そんな中、僕は一冊の本に出会った。その本は、とある日本人外交官の事を書いたノンフィクションだった。第二次世界大戦中、日本人大使として、バルト三国にいた杉原千畝さんは、ドイツナチスの強制収容所から海外へ逃亡するためにビザを求めたユダヤ人三千人にビザを発行した。その時代日本は、日独伊三国同盟によりドイツとは友好関係にあり、彼は当然日本政府から発行拒否と命令されていた。しかし、彼は自分の身の安全より国家の命令より人命を優先させた。

僕は、彼のような人の役に立つ仕事につくために偏差値の高い大学をめざす。偏差値教育に支配されていた僕はこの本に出会わなければこの答えも出せなかっただろう。大学だけでなく人生の目標をくれたこの本に出会った事は、僕の今までの人生で最も重要な経験だったと思っている。

高校一年の男子の文章であるが、これが「観念病」の典型的文章である。一体このどこに「経験」が書かれているのだろうか。「周囲に流され……ロボットの様な自分」（傍線部）の具体的姿はどこに書かれているのか。文章の構成は立派であり、彼の素質の豊かさが垣間見られる。しかし、「経験文」とはこうした文章とは別のものであり、ある意味ではもっと原初的なものである。後日彼が「なんだ、小学校の頃の『絵日記』のようなものを書くんですか」と驚いたように言った言葉が忘れられない。彼は一番肝心な経験を書くことができないままに、もっと先にあるべき文章を（形式だけは）書けるようになっている。しかし、肝心な点が抜けているために、「オモシロクナイ」。かれが「偏差値の高い大学」（傍線部）にこだわるのは、なぜなのだろうか。

彼には、クラスの仲間が書いてきた模範例を示し、どこに、どのように「経験」が書かれているのかを指摘した。しかし一週間後に彼が書いてきたものは、前回と同じ過ちを繰り返していた。そこで、クラスの仲間も交えて長い時間をかけて彼と話し合い、高校受験で失敗した時のことが彼にとって一番辛い思い出だと聞くことができた。その記憶をたぐりながら翌週書いてきたのが次の文章である。

あれは忘れもしません、一九九七年二月八日の出来事でした。この日は僕の受験した第一希望校の国立大の付属高校の合格発表がありました。

この日の二日前のテストの教科数は五科目、一日中かかった試験でしたが自分の力を存分に出しきることができました。そのため正直自信はありました。

二月八日の合格発表の朝僕は、朝六時頃目が覚めました。家にいてはなにか落ちつかず昼十二時の発表の四時間前に家を出ました。何本か電車と地下鉄を乗り継ぎ最寄りの駅につきました。さすがにまだ早く合格発表を見にきた受験生は、僕一人だったと思います。二〜三分歩くと、学校の校門の目の前につきました。まだ門は開いてなく僕は仕方なく校門の前に寄りかかって腰を下ろしました。

それから何分、何時間考え事をしたかは覚えていません。色々な事を考えました。中学受験での失敗の事、自分の将来の事、行きたい大学の事、勉強に関するありとあらゆる事を考えました。ただふと気がつくと門は開いていてたくさんの人々がガヤガヤと入っていく光景が目にとびこんできました。僕はハッとして、急いで列の後ろに行き校舎の中に入りました。なぜか緊張はしてませんでした。今まで緊張しないことなどなかったのになぜこの日ばかりは緊張しなかったのかはよくわかりません。

この五分後僕は、友達と二人で公園のベンチで休んでいました。結果は不合格。何度も何度も最初から終わりまで見た掲示板には僕の番号はなくショックで全身の力がぬけた事しか憶えていません。周りの人々の事などはいっさい憶えてません。ただ一つ合格した人が制服のたけを計っている所を見た時に、落ちたんだなという実感がわいたのは憶えています。

僕はこの苦い経験を基に三年後の大学受験をのりきるつもりです。また同じ経験は絶対したくありません。

まず、驚かされるのは二つの文章の間のギャップである。最初の大人びた表現と、三回目にやっと書いてきた経験文の幼さの矛盾である。後の文は、文章に不慣れな小学生が書いたようにたどたどしいが、ひたむきである。彼の孤独な魂が震えているのが感じられる。特に傍線部は彼にしか書けない表現であろう。彼が「偏差値の高い大学」にこだわるのは、中学受験に、そして高校受験に失敗したからなのである。そのことを伏せておき、「偏差値」教育の弊害について一般的に述べるだけでは不十分だろう。そうした一般論と自分の切実な失敗の経験を、しっかり結びつけながら、しぶとく考えていくこと。それを時間をかけながら、指導していきたいものである。

III 「観念病」の実例　その2

大学受験において、私は理系志望が決まっていたが、私は行きたい学部を決めていないので、新聞や本を読んで考えようと思いました。そこで、一部の大学の医学部で面接を取り入れるとい

う記事に興味を持ち、なぜだろうと思い、医者の役割ということを考えてみた。(1)
私は、年に数回、病気になることがあるが、できるだけなじみのある医者に行くようにしている。なぜなら、私は、以前大病院に行って不愉快な思いをしたことがあるからだ。

大病院は最新の医療機械は備えているものの、何か非人間的な医療を感じた。それに対し、なじみの医者のところでは、特に最新の医療機器用を備えていなくても、人が病気になったときに感ずる病気そのものの苦しみ以外の、病気であるという不安を、医者は、理解して減らしてくれる。病気による不安は、データや処方で癒されるものではなく、医者の言葉や思いやりのある励ましによって取り除かれると私は思う。

ここで、人間は、日常生活の中で、人間性や非人間性といったことについて、あまり考えない。日常生活の人間関係は、まるであいさつのように、一定のしきたりによって済まされている。しかし、病気という人間の生存にかかわるとき、日常では見られなかった人間の本当の心が出てくる。私たちが、病気の時、私たちは非人間的行為に憤りを感じ、逆に人間的行為に感動する。人間性は人間の生存から出た生かそうとする心ではないかと私は思う。だからこそ、人間の生存にかかわる仕事をする医者というものは、人間性が重視され、面接によって人間性をテストする必要があるのだろう(2)と思った。

高校二年の男子の文章である。語尾の不統一、言葉の繰り返しや重複の多さ、一文の長さなどが、すぐに気になるが、そうしたことよりも問題なのは文章全体の「軽さ」である。最後の段落が浮きに浮いているのがお分かりいただけるだろうか。「人間性」や「非人間性」、「人間の生存」「人間の本当の心」などの「大きな言葉」が並べ立てられているが、その具体的意味が書かれておらず、その言葉の背後にあるはずの彼の経験が描かれていないからである。

「軽さ」を克服するためには、前半の「何か非人間的な医療」「病気であるという不安」「医者の言葉や思いやりのある励まし」を詳しく書きこまねばならない。それでこそ、後半の言葉にインパクト、重さが出てくるのである。

もちろん優れている点もある。冒頭に問い（傍線部1）が立っており、文末の答え（傍線部2）と対応している。しかし、その答えの何と空虚なことか。「人間性をテストするとはどういうことか」「それはそもそも可能なのだろうか」といった自然な懐疑はここにはない。

このように、内容がなくとも形だけはきれいに整っていることが、「観念病」の特徴である。こうした病を治療するには「経験」をしっかり書かせて、現実と自分自身を直視させるしかないのである。

彼が一週間後に書き直してきたものが次の文章である。

　私は、けがをしたときには病院に行く。その際、できるだけなじみのある医者にみてもらう。というのは、大病院の対応の仕方に対して、いつも不愉快な思いをさせられるからだ。去年の夏休みの時もそうだった。

部活の練習中に、私は足に激痛が走るのを感じ、そのまま病院に行った。

受付で私が「足が痛いんでみてもらいたいのですが」と言うと、受付の人が「わかりました。しばらくお待ちください」と言い、しばらく待たされ、私は足の痛みと早く診断してもらえないことにイライラしていた。

そして医者のところに行くと「どこが痛いのか。いつからか。どうしてなったのか自分でわかるか」と医者が聞いてきた。私は「足のふくらはぎで、今日の午前中に部活でやっちゃったと思います」と答えた。すると医者は、私の足を触って理解した様子で、「とりあえず、レントゲン室に行って来て下さい」と言った。

私は痛い足を引きずってレントゲン室に行き、違う医者にレントゲンを撮ってもらった。私は診察してもらった所に戻ると、最初の医者が〈そのレントゲンを見て〉私に「骨に異常がないから大丈夫。ひどい筋肉痛だと思うから、湿布を貼って安静にしておきなさい」と言った。私は「わかりました。筋肉痛なんですね」と聞いた。医者は「そうです」とだけ言った。私は、こん

◈指導のポイント②
「観念病」の特徴は、「大きな言葉」が並べ立てられること。「人間性」「愛」「平和」「相互理解」などが、根拠や生活経験なしに使用される。

ないい加減な診断で大丈夫なのかと思ったが、そのまま家に帰った。しかし、二日たっても痛みがひかないので、近くの医者に診てもらったところ、肉離れであることがわかった。（　）は中井）

大分具体的になってきた。この段階でやっと、何が問題なのかを考えてみることが可能になってくる。物語の盛り上がりを「山」というが、それは登場人物の本質や事柄の核心が現れるところである。経験文にも同じように山が想定できる。この文章の山はどこと考えられるだろうか。本人は傍線部を山と考えているのだろう。しかしそれを山といえるだろうか。

そもそもここには山といえるだけのものがない。文章の中に山がないというよりも、そもそもの彼の経験・行動の中に山がないのだ。例えば傍線部で医者に疑問を言うとか、後に病院長宛に事実を報告し返答を求めるとか、大病院の問題点を取り上げた本を読んだり、関係者を紹介してもらって取材をしたり、……といったことをすれば、その中から山が現れてくるのではないか。そうしたことを何一つせず、彼はただ「そのまま家に帰った」だけなのである。そして前作品では「偉そうなこと」を言うのである。これが観念病の病理である。こうしたことを本人が自覚するところからすべてが始まるだろう。

彼は自分の観念の世界から外に出て、現実と闘うことを始めなければならないのである。

Ⅳ 「情緒病」の実例

中二の十月、文化祭を明日に控えた夜のことだった。姉と母が口論をしていた。姉の一人の友人のことを母が非難した為である。姉は例のごとく二階の自室へ怒って上がっていってしまった。母もやはりいつもの様に私に愚痴をこぼした。それに対し私は「誰でも友達を悪く言われたら怒るよ」と言った。私は、これを言うのに相当の勇気を要した。というのは(1)、姉とは対照的に、私は滅多に母に反抗したことがなかったのだ。姉と両親のいさかいを何度も見てきた私には、なるべく事を荒立てぬ様に自分を抑える癖がついていた。自分が我慢すれば済むことなら、と(2)。しかしその頃私は色々な意味で変わろうとしていた。より『自分らしく』なろうとしていた(3)。それで私は、思いがけぬ私の反論に不機嫌(4)に怒る母に、「どうして私の意見を反抗としかとってくれない、私に意見を話させてくれないんだ」と言い置いて自室に駆け込んだ。ともすれば萎縮してしまう心に鞭うってしぼりだした本心であった(5)。後で母は私の部屋へ来て(6)「いつもそう思っていたのか」と尋ねた。私は必死の思いで(7)「そういうこともあった」と答えた。これは母にはかなりの

◈指導のポイント③

「山」とは、物語や経験作文での盛り上がりをいう。そこに、登場人物の本質や事柄の核心が現れる。

ショックだったようだ。(8)翌日の、姉の部活の最後のコンサートに行かない、そういう気分になれないと言い出した。私は、これは私の問題だから行ってあげてほしい、と手紙で伝えた。(9)母は行ったものの、その後しばらく私と口をきかなかった。私は、喧嘩をしているわけではないのだから、と普段と変わらず振舞った。母に話しかけもした、返答はなかったが。が、そのうちいつの間にか私と母はいつもの様子に戻った。しかし、全てが以前のままだったのではない。私と母はお互いが対等な人間としてその上で親子という関係を味わうようになった。(10)こうして、必然的に衝突は多くなったが、今の、私が誇りに思う、居心地の良い関係が生まれたのだ。

高校二年の女子の文章である。テーマの切実さは伝わる。しかし大きな欠点がある。それは、具体的事実、つまり母親と彼女の実際の言動と、話の展開がよく分からないことである。自分の思いで一杯になってしまい、極めて主観的な叙述になっているからである。この文章が感情に流されていることを良く表しているのは、段落分けがないことである。

彼女には、「具体的事実、つまり母親と彼女の実際の言動と、話の展開」が分かりにくい箇所を逐一指摘した。

傍線部(1)は言わずもがな。文章全体から分かる。傍線部(2)には「自分を抑える癖」との重複がある。(1)(2)ともに余計な心情。傍線部(3)は今回の事件自体が語るべきことである。事柄に語らしめよ。傍線部(4)は「不機嫌」とまとめた書き方をしないで、そう彼女に「感じ」させた、母親の実際の言動を書く。傍線部（5）は実際の自分の言動を書くことで表現する。傍線部（6）では「後で」を具体的に書かなければならない。傍線部（7）も自分の言動で表現する。傍線部（8）も母親の言動で表現する。傍線部（9）では、なぜ急に「手紙」という手段が出て来たのか分からない。つまり、「事柄・事実を丁寧に具体的に描くことで、読者が自らその心情や意味を読みとれるように書くこと」を指導する。

傍線部（10）では「今は経験を書くだけでよい。結論は不要だ」と指導する。最初は経験を書くこと、つまり起こった事実を直視することに集中させる。それなくして「結論」の導出はあり得ないからである。

要するにこの段階では「事実を直視する」「事実を丁寧に見る」「自分も他者も冷静に観察する」ことに集中するのである。ここであげた傍線部を放置すると「情緒病」の文章が生まれる。

❖指導のポイント④

・「情緒病」の特徴は、「段落分けがない」こと。自分の思いで一杯になってしまい、対象との間に距離がない。段落分けをさせるだけで認識が進む。
・「事柄に語らしめよ」は「情緒病」対策に有効。書き手の「思い」や「判断」は直接は書かず、できるだけ登場人物の言動によって表現する。書き手の「説明」や「解説」を入れないようにする。

さて、指摘された部分を中心に当人が一週間で書き改めたものが次の文章である。傍線部は、新たに付け加わった箇所。

中二の十月、文化祭を明日に控えた夜のことだった。姉と母が口論をしていた。姉の一人の友人のことを母が非難した為である。私はテレビの前のソファーで母の隣に座ってこれを聞いていた。姉は例のごとく怒って二階の自室へ上がっていってしまった。

母もやはりいつもの様に私に愚痴をこぼした。それに対し私は「誰でも友達を悪く言われたら怒るよ」と言った。それまで私は、姉とは対照的に、滅多に母に反抗したことがなかった。姉と両親のいさかいを何度も見てきた私には、なるべく事を荒立てぬ様に自分を抑える癖がついていた。それで母は、思いがけぬ私の反論に「あなたも反抗期ね」と言ってテレビの方を向いてしまった。しばらくの沈黙の後、私は泣きだすのをこらえながら(1)「どうして私の意見を反抗としかとってくれない、私に意見を話させてくれないの」と言い、すぐに自室に駆け込んで枕に突っ伏して泣いた。

三十分程して私が寝ようとしている所へ母が来て「いつもそう思っていたの?」と尋ねた。(2)ちょっとためらってから、私はまっすぐ母の顔を見て「そういうこともあった」と答えた。母は無言で部屋のドアを閉め、一階へ下りていった。私はベッドに入ったものの眠れずにいた。一階から父と母が何か話しているのが聞こえ、やがて私の部屋へ父が入って来た。母が「そういう気分になれないから明日のお姉ちゃんの部活のコンサートには行かない」と言っていると父から聞いた(3)。父は私の気持ちを一通り聞いて下へおりていった。すぐに私は机の電気をつけ、「これは私の問題だから明日は行ってあげて」と書いた手紙を両親の寝室の前の手すりに置き部屋へ戻った。

その後しばらく母は私と口をきかなかった。私は、喧嘩をしているわけではないのだから、と普段と変わらず振舞った。母に話しかけもした、返答はなかったが。しかしそのうち、いつの間にか私と母は普通に話すようになった。

彼女は、段落分けを行いながら経験の全体を見渡し、細部も丁寧に書き込んできた。その過程で、自分自身を突き放して観察し、同時に母親を理解しようとしている。この作業によって、以前は登場しなかった父親の姿が浮かび上がってきた。どうも大切なことほど、ゆっくり時間をかけて立ち現れてくるようである。

さてここでの山とは何だろうか。登場人物の本質や事柄の核心が現れるのは、どこだろうか。本人は波線（1）を山ととらえていることが推測できる。（1）を山としたのは、テーマを彼女の母親からの自立と捉え、そのための第一歩、第一声を重視したかったからだろう。しかし問題はそこにはとどまらない。彼女の自立への叫びは、母親の自己変革をも促すからである。母親と自分との関係を新たに始めるのだ、と捉えれば、山は波線（2）になるのではないか。

またそれは家族全体の変革へとつながらざるをえない。そこで父親の姿が現れてくる波線（3）が山とも考えられよう。

このように、あれこれ山の位置を探ることは、問題の本質を考えることになっている。こうしたことを繰り返すことによって、「観念病」や「情緒病」を克服し、自他を相対化して問題を冷静に観察する力を養えるのではないだろうか。

以上、「観念病」と「情緒病」について、説明してきた。このような高校生の現状を確認した私たちは、次にその原因を考えなければならない。それには、直接的には、学校教育の問題を考えるしかないだろう。小中高と彼等が学んできた表現指導には、どのような問題があるのだろうか。それは一言で言えば、「作文」と「論文」の分裂である。

2 「作文」と「論文」の分裂という問題――「私」か「普遍性」か

1 「作文」と「論文」の分裂の現状

「小論文」の本では、作文と論文とは何が違うのか、それを説明することが核心的な部分になるようだ。曰く「イエス・ノーを答えるのが小論文。そうでないのが作文」（樋口裕一氏）、

「できるだけレベルの高いことを書くのが小論文。自分の思ったことを率直に書くのが作文」（代ゼミの田村秀行氏）、「論理性という制約を背負ったのが小論文。自由な意志で書くのが作文」（河合塾）、「考えを伝えるのが小論文。感情を伝えるのが作文」（西研氏）。

この違いが理解されていないことが問題であり、その違いが理解されれば、解決するかのように言う人も多い。しかし、両者を混同している人は実はいないのである。なぜならば、実際には両者は水と油のように交わることがなく、決定的に分裂してしまっているからである。そして、それこそが、問題の核心なのだ。

現在の高校で行われている表現指導は、大きく二つに分裂してしまっているように思う。一つは生徒の経験を描かせ、他者との関係や、自己の内面を直視することを目的とするもの。もう一つは大学入試の小論文対策である。もちろん後者の方が盛んではあるが、前者も「生活綴方」運動以来の伝統があり一部に熱心な先生方が存在する。

両者は、互いに無関係に、他を無視しながら存在しているようだ。この分裂は「できない生徒」と「できる生徒」への表現指導の分裂でもある。いわゆる「教育困難校」と「進学校」への分裂でもあるだろう。

「小論文対策」では極めて外的な「枠はめ」「形式的指導」を行っており、題材も「国際理解」「環境問題」「科学文明批判」などであり、生徒の生活経験などを振り返ることはない。「生活綴方」派はこうした指導を否定するが、代わりに「真の論文指導」を対置するわけではない。論文自体を不要のもの、形式的なものとさえ思っている人も多い。

　私はこうした分裂した状況を克服し、生徒の経験から始まって、その経験文を一般化したものとしての論文へと展開できるような指導を提案したいと考えている。そこでは、論文は高校生の生活から遊離するのではなく、逆に論文によって、より深く「他者との関係や、自己の内面を直視」し、社会や自己理解を進めることができる。そうした論文指導の可能性を実際に提示し、大学入試でもそうした小論文の出題を、「個性」重視の正しい方法として要請していくことが必要ではないだろうか。

二　「作文」と「論文」の分裂に直面した例

　正則高校は東京都港区にある私学だが、何十年にもわたり学校全体で作文教育を中心とした教育を行っている。その作文教育への熱心さにおいて、他に例がないと思う。もともと学校行事が盛んで、その「学院祭」は「日本一の文化祭」と言われているし、職業をテーマにした「体験学習」でも高校生たちは意欲的に動いている。「学習旅行」（修学旅行）はわずか三泊四日の中で、長崎の被爆者、熊本のハンセン病回復者、水俣の水俣病患者に話を聞くといった濃密さだ。それに緊密に結びついた形で表現指導が展開されている。したがって、正則では表現活動が中核的な役割を担っており、その指導も、国語科と進路指導と学年主任の教員が中心に、クラス担任は全員が行う。

これだけ学校全体で作文教育に打ち込んでいる高校は全国でも少ないのではないか。そしてそれだけ熱心に打ち込んできただけに、作文教育のかかえている問題点もまた、そこには、はっきりと現れているように思う。

一言で言えば、「作文」と「論文」の分裂である。正則高校では、各学年毎週二時間「文章表現」という時間がある。正則の宮尾美徳氏は一九九三年から九五年度までの三年間、九六年から九八年度までの三年間の二度にわたって、小論文指導をしてきた。初めの三年間は「作文」からはじめて、それを一般化した「論文」へと発展的に高めていこうとした。しかし最後まで「作文」のままで「論文」にならなかった。

次の三年間ではその逆に、樋口氏の「マニュアル小論文」の指導から始めた。そこでは、みなが「論文」を書けるようにはなるが、それは「観念的なものに終始しがちで、実感の伴わない文章ばかりに接することとなり、はたしてこれでいいのかとの疑問」(宮尾氏)を持つようになった。

この問題は、良心的な作文教師なら、みなが突き当たる問題ではないだろうか。宮尾氏は当初「作文」と「論文」の違いを「私」(生活体験)のあるなしで理解していたようである。しかしそう捉える限り、両者は水と油であり永久に交わることはないだろう。しかしこうした理解は広く一般的である。

III 「私」か「普遍性」かの二者択一を超えて

例えば東大の小林康夫氏はベストセラーになった『知の技法』で「私（自我）」か「普遍性」か、という二者択一で考えている。そして「私」から「普遍性」へと進んでいく過程を、「大学で学ぶべきもっとも重要なこと」と述べている。しかし本当は「私」からはじまり「普遍性」に進み、そこからまた最後には「私」にかえってくるという円環を想定するべきではないだろうか。つまり、それは一方通行ではなく、相互に往還しながら、少しずつ深まり広がっていく世界なのではないのか。

私は吉野源三郎の『君たちはどう生きるか』（岩波文庫）の考え方に学んできた。人間の思想について、「おじさん」は甥の「コペル君」に次のように語っている。

まず肝心なことは、いつでも自分が本当に感じたことや、真実心を動かされたことから出発して、その意味を考えてゆくことだと思う。君が何かしみじみと感じたり、心の底から思ったりしたことを、少しもゴマ化してはいけない。そうして、どういう場合に、どういう事について、どんな感じを受けたか、それをよく考えて見るのだ。そうすると、ある時、ある所で、君がある感動を受けたという、繰りかえすことのない、ただ一度の経験の中に、その時だけにとどまらない意味のあることがわかって来る。それが、本当の君の思想というものだ。これは、むずかしい言葉でいいかえると、常に自分の体験から出発して正直に考えてゆけ、ということなんだが、このことは、コペル君！　本当に大切なことなんだよ。ここにゴマ化しがあったら、どんなに偉そうなことを考えたり、言ったりしても、みんな嘘になってしまうんだ。（五三、五四ページ）

私は、この考えに心から賛同しているので、付け加えることはない。このように、一人一人が「自分の思想を持って生きること」は、表現指導の究極的な目的だろうし、否、教育そのものの究極的な目的ではないだろうか。

そしてその目的を見据えて考えるとき、プロの学者や著述家ならばいざ知らず、小学生から高校生や大学生までは、自分の「実感」「生活の中の感動」こそが中心でなければならないだろう。つまり、「高校生の論文」とは「私」（生活体験）から生まれた問題意識こそが中心になるべきものだ。しかしそこにとどまらず、経験から「問い」がたてられ、その「答え」が求められる過程で普遍化をめざし、そこからまた自分の問題にかえろうとするものでなければならないだろう。

こうした円環構造を主張できず、「私」から「普遍性」に進む側面しか言えないところには、小林氏たちの学問の弱さが現れているのではないか。いやこれは小林氏たちだけのことではなく、日本の学問の根本的な欠陥なのではないか。つまり「生活」と「学問」、「日本（本音）」

と「西洋（タテマエ）」、「大衆」と「知識人」の分裂である。作文教師が直面している問題は、実はこうした文明論的な大きな問題をはらんでいるのである。

もちろん大学内にも小林氏たちに批判的な勢力もある。元一橋大学学長阿部謹也氏（特に『「世間」とは何か』『「教養」とは何か』に顕著）などがその代表である。

そして大学入試の小論文でも、この二つの立場があるようだ。「私」なしの「論文」を求めている大学がある一方で、慶應大学のように「自分の経験」「自分の問題意識」を書くことを明確に求めているところもある。われわれは本来あるべき「高校生の論文」を明らかにし、考え違いをしている大学に対してはその批判をしていかなければならないだろう。

Ⅳ　「マニュアル小論文」の意義と限界

正則高校の宮尾氏は、定型「論文」から指導した場合には観念的で自分の生活に根差した表現にはならないことに不満を感ずる一方で、皆が一応「論文」を書けるようにはなること、しかもそのことへの生徒の高い評価があることで迷っているようだった。「マニュアル小論文」を捨ててしまって良いものだろうかと。しかし「マニュアル小論文」を学んだ九九年の卒業生（男子）は次のように述べている。

正則高校に入学する以前から、私は文章を書くことが好きであったので、文章を沢山書くことに対し別に苦を感じたことはなかった。しかし私は、この三年間で文章を書く時にだんだんと悩む様になった。そのことは今も変わっていない。

入学以前や入学直後の頃は何も考えずにただその時思ったこと、ひらめいたことを無理矢理文章にしていた様なもので今読みかえすとおそらくバラバラな文章だと思う。一回一回授業を受けていくうちに私は自分自身文章を書くことが難しくなっていったのに、気づきだしていった。今では本当に文章を書くことが難しい。しかしそれは物事をよく考えその文章を読んだ人だれもが納得出来るものを書きたいという私の心境の変化が原因である。

又、同時に会話をする時の私の話す内容も根拠を上げての話し方に変わってきた様に思え、文章を書く際私は常に与えられたものに反対してきたためか、友達の意見を反対する様な感じになっている。その証拠に会話をしていて、「お前はそうかもしんないけど、オレはそれのここところがおかしいと思う」などと言うのを頻繁に言ってる気がする。根拠を上げ私の考え方の方が合っている様に思わせている。

これは正則三年間で身についた力だと私は思う。なぜなら、他校に通っている友達のほとんどは結局私の意見の方が正しいと思ってしまうからだ。文章を書く機会があまりないため、根拠を上げて自分の意見を表現する事が出来ないのだろう。

この力はものすごい力だと私は今思うし、社会に出ても通用する力だと思う。ただ社会に出て通用する力にするためには、文章を書く事で学んだ根拠がなければ人は納得しないということを頭に置き、その根拠となる物を身に付けるため社会にもう少し目を向けようと考えている。正則三年間で書いてきた文章の積みかさねは今の私に根拠ある話し方、少なくとも三年前よりは、説得力のある話し方を身に付けさせてもらった。（段落分けは中井）

これは感動的な文章だ。深い洞察と自己反省がある。それを引き出したのはもちろん正則高校の教育力である。

ただし、この生徒が感謝している対象を樋口裕一氏の「四部構成」だと捉えるのは早計ではないだろうか。「四部構成」（問題提起→意見提示→展開→結論）の「展開」部で、樋口氏は意見の「根拠」づけとして「背景・原因・理由・歴史的経過など」を書くことを求めている。生徒の評価はその点についてのものである。だから「根拠」についての言及がこれだけ続出するのだ。しかしそもそも「論文」は意見とその根拠からなるものであり、すべての論文がそうした構造を持っている。またその展開方法はいくらでもあり、高校生が論文を学ぶ際の導入として、一番ふさわしいのが「四部構成」かどうかはわからない。私自身は基礎的な枠としては、経験（根拠）→意見というシンプルな形が一番適切だと考えている。

そもそも、この生徒作品には「四部構成」への根源的な批判があると理解するべきではないだろうか。樋口氏は、「たしかに……かもしれない。しかし、～」という譲歩構文を求め、テキストに「反論する」ことを有効としている。

しかし、この生徒は「根拠を上げ私の考え方の方が合っている様に思わせている」「他校に通っている友達のほとんどは結局私の意見の方が正しいと思ってしまう」と述べているのだ。彼は自分の方法が有効であることを確認しながらも、そこに深い疑問をも感じている。「常に与えられたものに反対」する方法に疑いの眼をむけているのである。

宮尾氏は、「個人的な体験」がはたして「論文」の「論」の根拠たりうるのかとの戸惑いを以前は抱いた、と述べていた。しかしこの作文の著者は自らの「生活経験」を根拠にしてこれだけ深い洞察をしているではないか。彼の疑いは「生活経験」、つまり彼が他校に通っている友達と議論を重ねた結果から生まれている。

なぜ体験から始めるのか。高校生にとって、個人として責任を持てる、もっとも直接的で確実な根拠が自分自身の経験だからであろう。もちろんそれは個人的なものでしかない。次には根拠の質が問題になり、根拠の吟味が必要になる。そこから調べる必要が必然的に出てくる。だから彼自身が、「社会に出て通用する力」にするために、文章の「根拠となる物を身に付けるため社会にもう少し目を向けよう」とするのである。

V 「生活経験」から調査へ——「論文」の芽生え

今述べたように、経験を深めるためには調査が必須である。しかし、その調査活動も、すでに一部の生徒たちは自発的に行っている。そのことをよく示しているのが正則高校の高校一年生が夏休みの課題として提出した作品である。

毎年のように、今年の夏休みも数日間、伊豆に遊びに行った。でも今年の伊豆への旅はただ単に観光という気持ちではなく、もっと海について知りたいという気持ちで行き、知り合いのおじさんに海について詳しく教えてもらった。

伊豆とか日本の南に降りて行くと、海は透明度がよくなり、魚が泳いでいるのも見える。でも、それが安心となり、突然、深いところに足を踏み込んでしまう。自分が分かっていないから突然くる深いところはとても恐い。何回、同じことをしてもパニックになってしまうときが自分でもある。でも、その深いところは、伊豆の海（白浜、多々度）だと百メートルぐらいしかないのだ。百メートルも進めば膝から腰ぐらいのところまでしか水深がないと、知り合いの叔父さんに教えてもらった。でも、簡単には、百メートルも先の沖にはなかなか行けない。頑張ったとしても途中で疲れて溺れるのも怖い。しかし、簡単に沖に出て行く方法がひとつだけあるというのだ。それは、波が防波堤の関係により、海岸に向かって来る波の進路方向が様々なのだ。それを利用して、岸に向かってくる二つの波がぶつかり、白い細かな泡ができるところが、かすかにある。そのポイントは普通の所に比べると、沖に引く力が強いのだ。

そこには、目には見えない道ができる。見つけて、そこを通れば簡単に沖に出るという。

もう、何十回と行っている伊豆の海なのに伊豆の海については、やっぱり地元の人の方が詳しく知っている。やっぱり、ずっと海とともに生活してきているからだろう。知らないことは悔しいけど、もっとたくさんのことをいろいろな人たちから学び、とり込んでいきたいと思う。

疲れていて、断片しか、覚えていないけど、もっと海について知りたいし、理解したくなったから、海がもっと好きになった。（一部、段落分けをした）

ここには自然な形での「論文」の芽生えがある。著者の海に対する強い関心があるために、ここには明確な「問い」があり、その答えを知りたいがための調査と、その調査から得たデータを根拠とした「答え」がある。生徒から自然にこうした形が生まれてくること。それが高校生における「論文」指導の可能性の根拠である。そしてこうした自然な芽生えをさらに育くむような「枠」や方法をこそ考えていかなければならないだろう。これは次節で考えたい。

なお、正則高校では、すでに定型「論文」という方法を振り捨て、九九年度からは次の展開を模索している。「体験学習」では「働く人」に聞き書きをさせ、それ以外の生徒には「父母、祖父母」に聞き書きをさせた。二年の終わりから三年にかけては「長いあいだの体験」を書かせ、その体験の中から浮かび上がってくる生徒自身の「問い」を核にして、小論文を書かせようと試みている。

3 「生活経験」から始める「論文」指導のカリキュラム

1 論文の原初的構造

本書では、これまで述べてきたとおり、「作文」と「論文」の分裂を統合し、「観念病」と「情緒病」とを克服することを課題とする。そのためには、先に引いた吉野源三郎著『君たちはどう生きるか』にあるように、「ある時、ある所で、君がある感動を受けたという、繰りかえすことのない、ただ一度の経験の中」から、「その時だけにとどまらない意味」をつかみ出す。つまり、「本当の君の思想」をめざして「常に自分の体験から出発して正直に考えてゆく」ことを主眼としたい。

そのためには生活「作文」から「論文」を内在的に導出し、「作文」が発展したものとして「論文」が捉えられなければならないだろう。

「論文」が「作文」から発展したものであることは、その原初形態が高校生から自然に生まれてくることからも推測できる。前節に引用した「伊豆の海」をテーマにした作文（四四ページ）がそうだ。

伊豆の海で著者は「突然、深いところに足を踏み込んでしまう」「とても恐い」経験をする。その経験から「どうしたらよいのか」という問いが生まれ、「その深いところは、百メートルぐらいしかない。百メートルも進めば膝から腰ぐらいのところまでしか水深がない」という答えを「知り合いの叔父さんに教えてもらった」。しかし「簡単には、百メートルも先の沖にはなかなか行けない」そこで次の問い「簡単に沖に出て行く方法は何か」が生まれ、その答えをまた叔父さんに教えてもらっている。

そして、そうした経験を踏まえて、「何十回と行っている自分」と「地元の人」の海を知っているレベルの違いを自覚し、その違いはどこから出てくるのかという「問い」が立てられ、「ずっと海とともに生活してきているから」という「答え」が出される。やはり「生活」が根拠なのだ。そして、その結論から「海がもっと好きになり」、「もっと海について知りたい、理解したい」という意識が生まれる。これが自分の将来への当為（すべきこと）になっている。

ここでは、経験から「問い」が生まれ、その問いが調査（取材）を促し、「答え」が導かれる。その「答え」が次の経験を促している。見事な円環構造。このとき次のような媒介の図があらわれていることが分かるだろう。この図は「論文」の原初的な構造を示している。

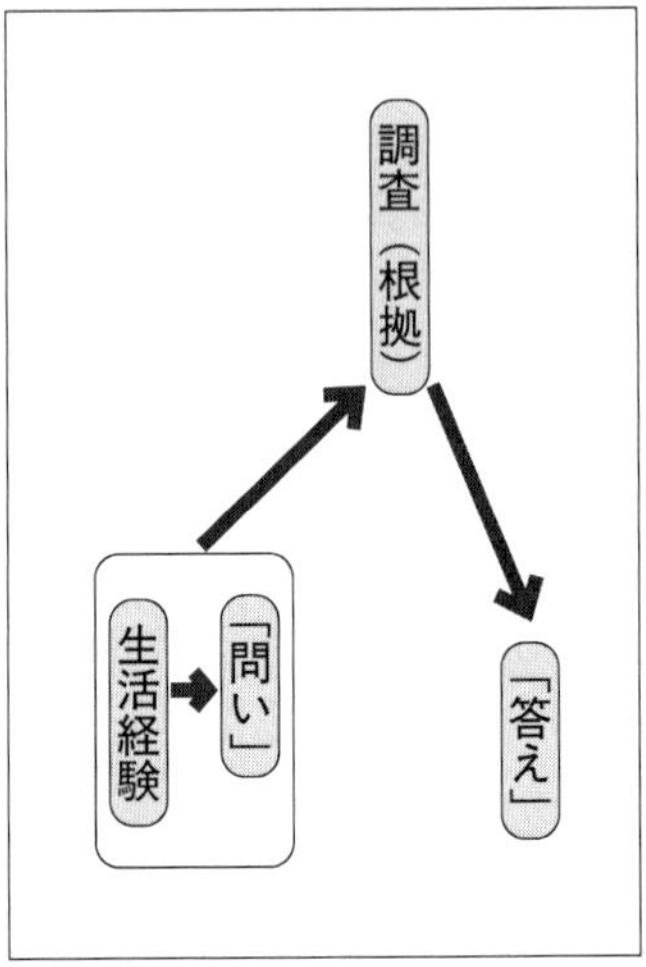

ここでは、問題意識の強さが、解決する行動（調査）へと人を駆り立てる。それが個別のレベルを突き破るほど強ければ、論文にまで進まずにはいられない。こうした自然な欲求の先に、「論文」というスタイルが存在するのである。つまり、論文は高校生から自然に生まれてくるものなのである。論文指導とは、それを「自覚的に」行わせるだけなのだ。したがって、それは彼らの自然な発達に即した内在的なものでなければならないだろう。

では、そうした論文指導は、どのようなものになるだろうか。それは、論文が生まれる構造を自覚し、その順番にしたがって、丁寧な指導を積み重ねることでしかないだろう。

なおここで、論文の最もシンプルな構造として、「根拠→意見」を考えておくと理解しやすいだろう。そして、この最も原初的なケースでは、その根拠は自らの感覚的な経験なのである。それが生活経験から生まれた「問い」を作る。しかし、それが論文に高まっていき「答え」が出るまでの過程に「調査」が入るのはどういうことか。

まずは生活経験が根拠になるのだが、次第に実感に基づく根拠は、そのままでは通用しないことがわかってくる。そこで、「根拠の吟味」が必要になってくるのだ。そして調査が始まる。調査とは、経験の中の根拠を、より掘り下げて確かな根拠にしていくための作業なのである。

三　論文指導に必要な三つの要素

先の三角形の活動モデルから、論文の指導過程には三つの要素が必要なことがわかる。第一に、起点となる問題意識を生活経験から育てていくことであり、第二に媒介となる調査活動の指導であり、第三に具体的で個別的な問いと答えを、一般的で社会的な広がりの中で捉え直す指導である。これは、第一の個別的で主体的な取り組みと、第二の客観的で一般的な取り組みとの総合といえよう。

では、この指導は、これまでどのように行われてきただろうか。第一の指導は、生活経験の中に、自分や他者の言動を丁寧に見つめ、事実経過や心情の変化を追っていくことだ。

それは「経験文」「行事作文」「自分史」の作文指導として行われてきた。戦前からの生活綴方運動にも巨大な蓄積がある。これは、主に国語科の教員が行っている。

第二の調査とは、第一で明らかになった問題を現地調査や文献によって、より深く、より一般的に捉え直すことであり、「聞き書き」「調べて書く作文」として行われている。調査活動の指導は国語科以外にも、理科や社会科、保健体育など、全教科に広がっている。また進路指導やキャリア教育での職業調べでも、こうした調査が行われる。そして、現行学習指導要領で全国に導入された「総合学習」では、この指導がまさに不可欠になっているはずである。

第三が「論文」指導である。これは「研究論文」「課題研究」として、全国の先進的な学校で行われてきた。しかし、何と言っても、二〇年前から大学入試に導入され、その後も広がってきた「小論文」入試の影響が大きい。現在全国で行われている論文指導の大半は、この小論文対策だろう。これも国語科が中心だが、全教科の教員を巻き込んだ小論文委員会などの組織も生まれている。

こう見てくると、こうした指導は、一応は行われていると言えるのだが、一部に熱心な指導が行われているものの、多くはおざなりな指導なのである。そして、何よりも大きな問題は、この三つがそれぞれバラバラで、つながりを持たないでいることなのだ。そのために「作文」と「論文」が分裂したまま放置され、「観念病」と「情緒病」が蔓延しているのではないか。

したがって、この指導過程全体を一連なりのものとして組み上げてこそ、意義ある表現指導のカリキュラムになるのではないだろうか。

III 「生活経験」から始める「論文」指導のカリキュラム

では、その表現指導のカリキュラムはどのようなものになるのだろうか。

高校三年間のカリキュラムを考えれば、一年目には第一の生活経験や自分史など、二年目は第二の調査活動、三年目では第一と第二の総合を考えていくのが良いのではないか。ただし、その意味は、一年目には生活経験や自分史以外をやらないと言う意味ではない。それぞれの学年でも、第一から第三までの三角形の活動モデルが一巡することが望ましい。その中での重点の違いを考えていったら良いのではないか。

では、こうした表現指導の最終目標は、論文を書かせることなのだろうか。

表現指導は、先のモデルにあるように、生活経験→調査→論文と、生徒の個別的な生活経験

❖指導のポイント⑤

論文指導過程の三要素

・第一に生活経験を書く指導。「経験文」「行事作文」「自分史」。

・第二に調査活動の指導。「聞き書き」「調べて書く作文」。課題研究。総合学習や教科のレポート。

・第三に、第一と第二の総合。いわゆる「論文」。「小論文」「研究論文」「課題研究」。

から始めて、次第に一般化した捉え方を学習させるものだが、論文を目標としているのではない。それはあくまでも手段でしかない。

生活経験と調査は、相互に関係するし、そこから論文に進んでも、その中では論の根拠となる部分として、生活経験と調査が繰り返し吟味される。

つまり、表現指導は「生活経験→調査→論文」の方向だけではなく、その逆の「論文→調査→生活経験」への方向が常に含まれ、一般化された表現を自らの個別的な生活経験で捉え直すことも行われなければならない。この個別から普遍へ、普遍から個別への両方向の練習を繰り返していくことで、個別の経験の世界と抽象的な普遍的世界の往還が可能になり、生徒一人一人の問題意識（テーマ）の自覚が深まっていくのである。そしてこれらの総体が表現指導の目的である。

学校現場の一部には、小論文を表現指導の目標であるかのように言い、実際にもそのように指導が行われていたりするようだ。しかし、それはとんでもない間違いだろう。

高校生の表現指導の目的は、先に述べたように一般的表現と個別経験を総合する能力の養成であって、「論文」を書くことではない。

もちろん、一応の形式的なゴールとしては「論文」を想定するのだが、「論文」イコール「小論文」ではない。「小論文」とは大学入試で出される論文形式のことであり、それは確かに論文の一形態なのだが、それは「典型」でないどころか極めて特殊な形態である。その特殊性は何よりも選抜を目的としていることによる。

論文一般を「小論文」と呼んでいる人たちもいることを考えるとき、私たちはまず、「論文」と「小論文」を明確に区別し、言葉としても両者を使い分けなければならないだろう。

（ここで、小説や創作の位置づけについて簡単に述べておく。小説などの創作は、この指導体系では第三段階にあてはまる。つまり第一と第二段階を踏まえて、一方には論文へと発展していく経路があり、他方には小説に伸びていく経路があるのだ。いずれも第一と第二の総合なのである。）

ところで、国語科の読解は、表現指導を裏から支えるものとして理解されるべきだ。つまり、「生活経験→論文」の方向は主として表現指導が担うのだが、その逆の「論文→生活経験」への練習は、読解の中で行われるべきだろう。これは第六章で説明する。

なお、実はこの三角形の活動モデルは、「表現指導」や国語科だけではなく、高校の全教科において、高校全体として追求すべきものではないだろうか。各教科ではそこで習った知識や一般的原理が、生徒の生活経験や学校や社会で起きている事件とどう関係するかを、一人一人にしっかり理解させなければならないだろう。

進路・進学指導、キャリア教育、課題研究や総合学習などでも、高校三年間をこのモデルから考え、それら個々の取り組みの相互関係、教育活動全体の中での位置づけなどを考えていただきたいと思う。

この三角形の活動モデルは、もう一つ別の視点からも理解されなければならない。それは「自己理解」と「対象理解」の相互関係である。

第一の生活経験や自分史は、まさに「自己理解」そのものである。第二の調査活動とは「対象理解」である。第三の「論文」指導とは、この「自己理解」と「対象理解」を総合することになっているのである。自分の問題意識から、社会的な諸問題を論ずるのである。

この「自己理解」と「対象理解」を考えるのに、最も分かりやすい例が進路指導である。そこでは「大学で何を学びたいのか」「将来何をしたいのか」という問いに答えるために、自分のそれまでの人生を振り返り、自分のテーマや問題意識を明確にしようとする。しかし、こうした「自己理解」ができている高校生は少ない。

そこで、社会や職業や大学への「対象理解」が必要になる。それらは、自分に関心のある分野、テーマ、仕事が何なのかを理解するためなのだ。つまり、「対象理解」を媒介にして、「自己理解」をしていくわけである。それを総合したものが、調査書、志望理由書、面接での自己アピールなのだ。これは第三の「論文」の位置づけにも対応する。

表現指導の全体を「自己理解」と「対象理解」の相互関係としてとらえようとするときに、重要なのは、第二段階の調査活動の理解になる。それは単なる「対象理解」ではないし、そうであってはならない。あくまでも「自己理解」という目的の手段としての「対象理解」である。「対象理解」の際には、常にそれが「自己理解」とどう関わっているかを考える視点を持つ必要がある。教師のその視点が、高校生の「自己理解」を深め、確かなものにしていくだろう。それがなければ、調査はただの「遊び」になってしまうだろう。

さて、以上を踏まえて考えるとき、「論文」をめざした表現指導のカリキュラムはどのようになるだろうか。

V　私が実践した一年間の指導過程

実際の指導計画を考えていただくための参考としては、塾での指導よりも、高校現場での指導の方が、参考にしていただきやすいと考えたので、私が東京の私立高校で行っている「小論文演習」を紹介したい。高校三年生対象に、約一年間毎週一回行う選択授業である。

私の指導の順番は、以下である。

> ❖指導のポイント⑥
> ・「自己理解」と「対象理解」は相互関係。
> ・調査活動は「対象理解」だが、その裏で「自己理解」が進む。教師は、生徒個々における両者の関係を考えよ。

自分の年表を書かせる（自分史の振り返り）→AO入試の調査書を書かせる→志望理由、または①自分の問題意識に関連した長い生活経験を書く（直接経験）→②それについて調査、聞き書きを行う（間接経験）→この①②が、的確な進路選択に役立ち、加えて、とりあえずどんな小論文にも対応できる二つの基礎的文章になる。→この①②から、一方ではどんな「小論文」の出題にも対応でき、他方ではAO入試の志望理由書、面接の自己アピールへの対策もできることになる。

小論文演習と言うと、世間では小論文の「構成」を教師側が決め、分野別のマニュアル指導をするようだ。また、すぐに大学入試問題に取り組ませ、その添削指導をしながら、そのマニュアル指導を徹底するとも聞く。だから、ナカミのない小論文ばかりになるのだろう。「観念病」ばかりになるのだろう。

もし生徒にナカミ（問題意識）がないならば、先ずはナカミを作ることに専念させるべきではないだろうか。「どうしてもこれだけは言いたい」。そうした強い想いの籠もったナカミを作っていくのだ。ナカミがあれば、形式を整えることなど、大したことではない。だから、私が形式的な小論文指導を始めるのは一〇月以降になる。四月から夏休み明けまでは、ナカミ（問題意識）を作ることに専念させる。

論文指導で特に強調したいことは、「論文を書かせることを急いではならない」ということだ。逆に言えば、それほどまでに第一段階と第二段階に専念させたいのだ。それが当人の底力

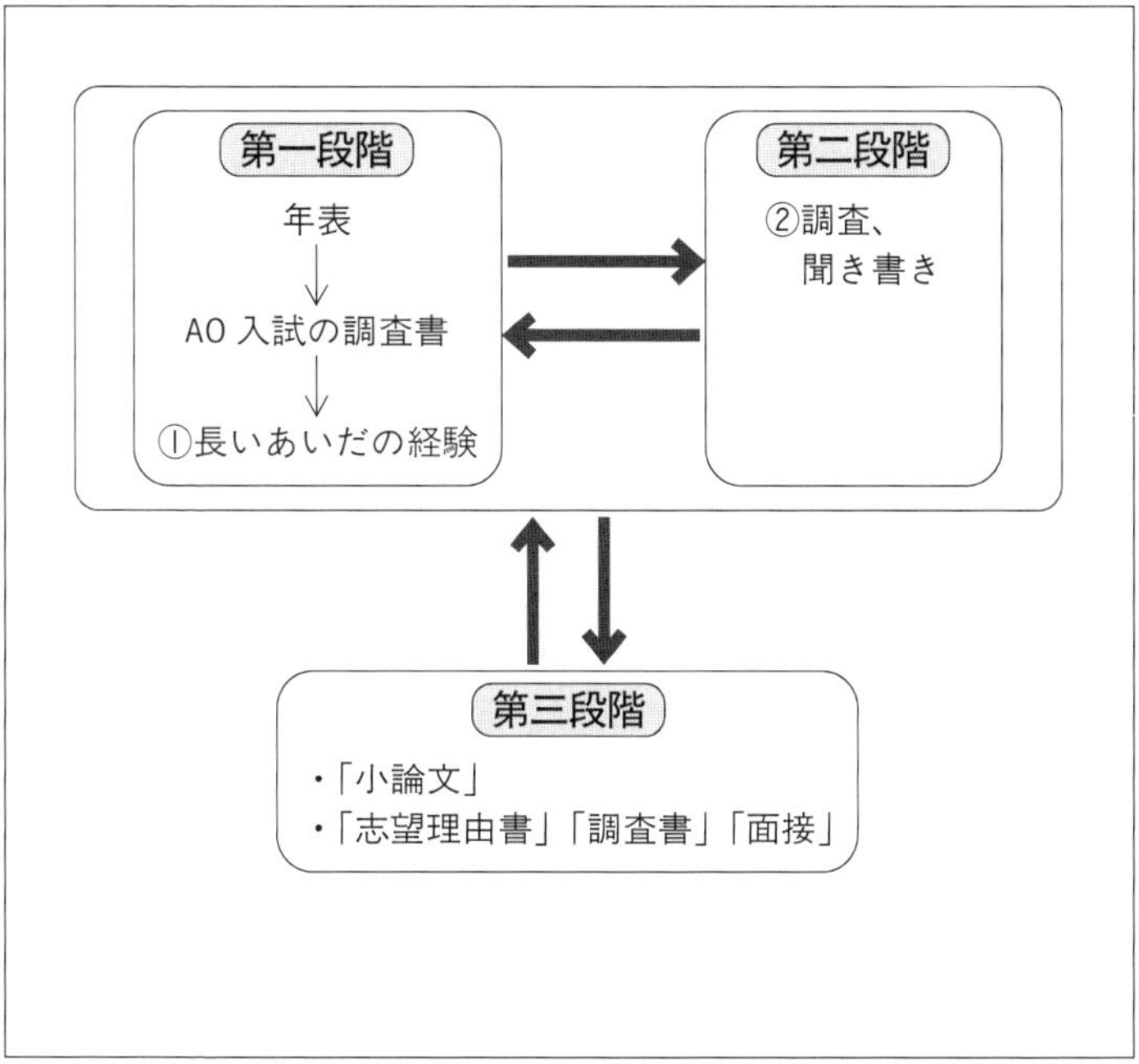
第一段階
年表
AO 入試の調査書
①長いあいだの経験
第二段階
②調査、
聞き書き
第三段階
・「小論文」
・「志望理由書」「調査書」「面接」

になるからだ。

(1) 一学期

一学期には、高校生一人一人にそれまでの人生を大きく振り返らせ、自分の生き方を見つめ直させることが肝心である。この一学期には、自分の人生を振り返り、進路・進学を考えさせ、その調査の不十分さを理解させておきたい。それが夏休みの調査の動機づけになるからだ。

表現としては、本人の強い関心があるテーマ、題材を、主に生活経験から選ばせて、長く書かせた。これはモデル図の第一段階に当たる。この「助走」に当たる段階を大切にしたい。私はこの段階に、最も多くの時間と精力をさいている。

具体的には、最初に自分の人生の年表を書かせる。これは「自分史」の振り返りである。その上で、AO入試の調査書を書かせる。これは多様な視点から「自分史」を見つめ直すことをうながしてくれる。そこから、自分の興味・関心、テーマや問題意識を考えてみるのである。自分の進路も考える。

その上で、進路や自分の問題意識に関連した経験を選ばせて、それを書くのである。ここでは、自分の「長いあいだの経験」を書くことになる。これは「自己理解」の文章である。

毎回、作文を書いた後には、検討会で相互批評を行う。それを踏まえて一回は書き直させる。この検討会は、人数が限定される。せいぜい二〇人までであろう。

例年、受講生は当初は五、六〇人ほどになる。そこで、三つの班に分け、一学期にそれぞれ三回ずつ作文を書くことになる。「書き直し」をするのが原則である。

こうした作文指導と並行して、読解指導をする。

（2）夏休み

各自の関心、テーマに合わせて、進路・進学に関係する調べ学習や聞き書きをさせる。これはモデル図の第二段階に当たる。「対象理解」をすることで「自己理解」を深めたい。問題意識の弱い高校生にとって、社会の第一戦で闘っている大人の話からは、大きな問題意識をもらうことが可能だ。それによって、自分の問題意識を育てられるだろう。

この調べ学習と並行して、人によっては、一学期に不十分に終わった経験作文の仕上げをする者もいる。

（3）二学期　九月から一〇月

夏休みの課題の提出後その検討、そして書き直しをする。そしてそこから論文、小論文を導出する。ここでは、生活経験の作文からの導出と、調べ学習や聞き書きからの導出の両方を行う。これがモデル図の第三段階に当たる。

彼らに初めての論文を書かせるに当たっては、それまで書いてきた作文から論文を導出させたい。作文と論文、体験と普遍的な言葉が固く結びついていることを理解させたいからである。そして、「小論文」も、その論文から導き出しておく。

（4）二学期　一〇月以降

（3）の段階が終わった後、やっと普通の小論文演習になる。毎週入試問題に取り組む。並行して、読解指導も行う。

（5）推薦入試の「志望理由書」

推薦入試の「志望理由書」の作文は、一斉授業とは別に、九月以降に毎週個人指導をした。第一段階と第二段階を経てきた高校生たちは、それを総合すれば、志望理由書になっているはずだ。

（6）三学期

一月にまとめの授業を行う。

このように全体を見ていただくと、モデル図の第一段階と第二段階に、いかに多くの時間と精力をさいているか、ご理解いただけるだろう。この段階こそが、ナカミを作る段階であり、一番大切なところだと考えている。この段階でどれだけきちんとした指導をしたかで、出来上がりは大きく異なると思う。

ナカミのない小論文になるもならないも、「観念病」や「情緒病」になるもならないも、この段階で決まるのだ。

以下第二章から第五章までの流れは、私が行っている指導の実際の順番に従ったものだ。しかし、第六章の読解指導は、年間を通じて行っているものを、まとめている。

この流れの大枠は正しいと考えているが、必ずしもこの順番しかないわけではない。経験から調査を経ないで論文、小論文に展開することもできる。経験なしで、調査から始めることもできる。また、個々の生徒の状況で、その順番は変わって良いはずだ。本書で示したのは、あくまでも標準的なものだ。しかし、それゆえに、どこでも一斉授業として実践していただける方法だと思う。

大切なことは、指導の順番の意味を理解しながらも、個々の生徒の成長過程を丁寧に追っていくことだろう。そのためには特に、個々の生徒における対象理解と自己理解の関係（これは第三章で詳述する）に気を付けていただきたい。

第二章　「生活経験」から始める

1 「生活経験」を書くために

Ⅰ 何を書くか　題材選び

高校生の表現指導は、何から始めるべきなのだろうか。論文が書けるようになることを視野に入れていても、始めは、根本的かつ根源的なところから指導したいと思う。すなわち自分自身を、自分の生活経験を、丁寧に描くことである。

つまり、対象は他者や大きな社会問題ではなく自分及び周囲を、書き方は抽象的一般的な書き方ではなく、個別具体的な書き方だ。

しかし、自分の生活経験を書くことから始めるにしても、どのような経験を書かせたら良いのだろうか。最終ゴールの「自分の思想をつくる」ことをめざして始まるのだが、そのためには、書く題材は、将来「問題意識」に成長しそうな経験から選ばせたい。それは「自分にとって切実な経験」でなければならない。「強い興味・関心があるもの。激しく心が動かされた経験。長く考えてきた悩みや疑問」。選択の基準を、私はそのように説明している。

そのような経験を探すには、自分の一七年間の全人生を丁寧に振り返らなければならない。

その中に問題意識の「きっかけ」（芽）を探し、その芽を大きな樹にするためにいかなる努力をしてきたかを考えてみるのだ。

高校二年の終わりの春休み。まず「自分の年表」づくりをさせる。生まれてからこれまでの大きな出来事を書き込ませる。項目は（1）家庭、（2）学校、（3）学校外での活動とし、（2）では、①教師との出会いやトラブル、②友人との出会いやトラブル、③行事、④クラブ活動、といった細目を用意しておく。彼らが記憶をたどる手助けになるように。

これは、大きく言えば「自己理解」のための作業である。そして、これが進路・進学を考えるための前提になっていくのだ。それは「志望理由書」の形で完成されるべきものである。そこで、この年表を完成させてから、慶應大学SFC（湘南藤沢キャンパス）のAO入試の出願書類への書き込みをさせる。大学の「志望理由」が中心だが、その「活動報告書」には以下のような項目が用意され、それぞれに五行から八行分が空いている（二〇〇字程度）。

◈指導のポイント⑦

「自分史」の振り返りでは、自分の問題意識の「きっかけ」（芽）を探し、その芽を大きな樹にするためのいかなる努力をしてきたかを考えてみる。

(a)　中学校卒業時と現在のあなたを比較してその間の「知的成長」の跡をたどり、その内容を記してください。

(b)　これまでに興味をもって取り組んだ学校行事や社会活動、創作活動などの実践体験を具体的に記してください。(「実践体験」「具体的に」とあることに生徒の関心を向けさせたい)

(c)　この一年間に生起した社会的事象の内、特に関心を抱いたことがらとその理由、視点などを記してください。(「ことがら」だけでなく、「理由」や「視点」、つまり問題意識を尋ねていることを説明したい)

(d)　あなたの物の見方や考え方に大きな影響を及ぼした感動的な出来事や体験の内容を記してください。(定番中の定番。「体験」とあることに注意させる)

(e)　あなたがふれてきたメディアには書物、テレビ、マンガ、CD、ビデオなどさまざまなものがあると思います。今のあなたに影響を与えた作品名を三つあげ、その内容や表現形式などについてどのような影響を受けたか具体的に記しコメントしてください。(対象を書物に限らずあらゆるメディアに広げている点に注目)

(f)　志望理由書。本大学を志望した理由、および入学したら何を、どのように学び、実現したいかの入学後の構想を、志望する学部や興味あるクラスターと関連させて二千字程度にまとめてください。(もちろんＳＦＣに限らず、各自の志望する大学、学部について書かせれば

良い。二千字は秋までの課題とし、春には数行でも書ける範囲で書けば良い）

(g)　大学卒業後の希望する進路や将来の構想などについて記してください。(f)の志望理由とあわせて進路・進学を尋ねている）

このSFCのAO入試書類を利用するのは、生徒のモチベーションのためもあるが、項目立てが良くできているからでもある。時間を横軸に、経験の幅を縦軸にして、整理すると次ページのようになる。これは、高校生が自分の人生の「全体」を見渡せるようにできていることがわかるだろう。

＝　具体的に書く　最初の表現指導

「志望理由書」を書くのは秋以降の課題として、まずは「活動報告書」の(a)から(g)までの各項目を埋めさせ、その文章を検討する。これが最初の表現指導になる。ここで意識させることは、「具体的に書く」ことである。始めはこのことだけを意識できれば良いと私は考えている。

例えば、(d)の「あなたの物の見方や考え方に大きな影響を及ぼした感動的な出来事や体験の内容」。

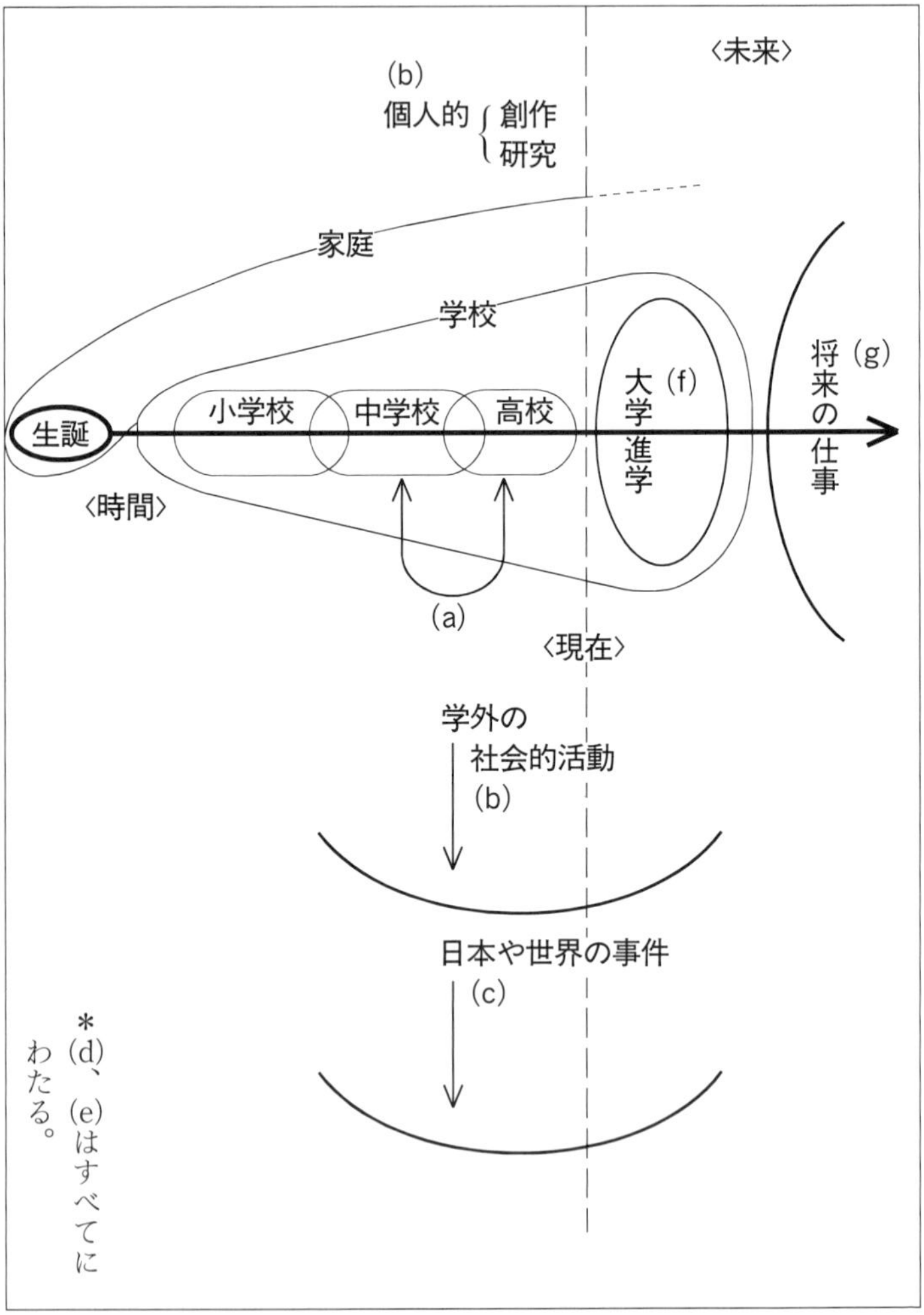
〈未来〉
(b)
個人的 創作 研究
家庭
学校
生誕
小学校
中学校
高校
大学進学 (f)
将来の仕事 (g)
〈時間〉
(a)
〈現在〉
学外の社会的活動 (b)
日本や世界の事件 (c)
*(d)、(e)はすべてにわたる。

①五年間続けたクラブの引退の時に、後輩に言われたこと。私はあまり積極的にたくさん後輩と接する役割でなかったが、自分なりにしていたことを知らないうちに見ていてくれた。自分にできることを自分なりにやっていれば人からもそれはわかるし、それだけで認めてもらえるのだと思え、自信がついた。

②中学生のころ、英会話の時間中に家系図を描くということをやったとき、隣の子に「うち母子家庭なんだけど母親のみでいいよね」と聞くと、普通に「いいじゃない」という答えが返ってきてとても驚きました。今までは何かというと、まわりの子たちにいろいろ言われ隠していたのですが、こんなに普通に受けとめてくれる人もいるんだということを知り、以来まったく平気になりました。

①では肝心の「後輩に言われたこと」や傍線部が書かれておらず、何があったのかさっぱりわからない。それに対して②では問題が具体的に書かれている。

この(d)に対して、(a)「中学校卒業時と現在のあなたを比較して……」という項目では、約五年間の回想になるので一般的な書き方になるし、それで良い。しかし、そこでも具体性を問題にできる。

①中学卒業時は、勉強に対する明確な意識が持てず与えられたもののみをこなすだけであった

が、現在では学ぶことにより物事への考え方を身につけられ、さまざまな知識に触れられる楽しみを知り、自分がより理想とするものに近づくために努力するということができるようになった。

②目にするものすべてが新鮮で、さまざまなことに興味を持ち、またたくまに過ぎ去った中学時代に比べ、高校の三年間はそのたくさんのものの中から自分にとって大切なものを選びとり、持ちきれないものを捨てるという作業をしてきた日々だった。そのことを通して与えられたものをこなすという姿勢ではなく、自分がやりたいこと、できることは自ら引き受け、できないことはできないと認めること、そのどちらかを見極めることが少しずつできるようになってきたと思う。

③中学校時代と比べると、読書の量、新聞を読む量がとても増えた。中学時代は、クラブや毎日の生活に追われ精一杯であったが、高校生になり、自分の内面について考えたり、将来のことを考える時間が多くなった。考えたり友人と話しあったりすることで、解決することもあったが、将来どんな進路に進むかということについては、異なった種類の職業を持ついろいろな人の本を読んだ。自分の興味のあることについての本も読んだ。または自分の身の回りのことだけでなく社会にも目を向けるようになったので、新聞にも興味を持ち始めた。

三つを比較すると、相対的には③が具体的である。しかし、肝心な箇所、①では「理想とするもの」、③では「自分の興味のあること」などの傍線部は明確に書かなければ意味がないことを述べておく。②は対比させてよくまとめているが、「自分にとって大切なもの」「持ちきれないもの」「自分がやりたいこと、できること」「できないこと」を明確に書けるようになることが次の課題であると伝えたい。

こうした比較をさせ、具体的でない箇所を生徒同士で指摘し合うことを通じて、自他の言動や事実を丁寧に見つめることを意識させていきたい。

こうして、自分の人生の「全体」を見渡すことによって、自分の問題点や課題、興味・関心、テーマや問題意識の芽になりそうな経験を自覚させる。これがこれから一年間の表現指導の「土台」となる。

ここから、生徒に実際に「自分史」を書かせても良いのだが、私はまず、「重要な体験」の内から一つだけを書いてもらうようにしている。これが本格的な表現指導の第一の課題になる。つまり「長いあいだの経験」を書くのである。「自分史」を書くのは、そうした作文の積み重ねの後の方が良いだろう。

❖指導のポイント⑧

「自分づくり」であって、「自分探し」ではない。

「自分」とは探してすぐに見つかるようなものではなく、現実と深く関わることを通して、作り上げていくものだ。

この段階で、問題意識の芽のような経験が見つからない人もいるだろう。その人には、その芽をこれから「作る」ことを勧めていけばよい。なお、高校生には、進路調査や表現学習を「自分探し」ではなく「自分づくり」だと言っておきたい。「自分」とは探してすぐに見つかるようなものではなく、現実と深く関わることを通して、作り上げていくものだと意識させたいのだ。これについては第三章を参照。

Ⅲ 「自己理解の物語」

大学・学部の選択は、自分が大学で何を学びたいのか、さらには将来何を仕事としていきたいのか、そうした人生の目的が前提になる。そうした決断の根拠になるのが、それまでの経験であり、それを足場に構想する将来の夢であろう。それは、自分の過去の人生のテーマを模索することだし、自分の問題意識の芽生えやその深まりを振り返り、そこから人生の目的や、その実現の手段を考えることになるだろう。ここでは、過去・現在・未来を貫くような、一つの「物語」を構想するのである。それを坂本多加雄氏のように、「自己理解の物語」と言ってもよいだろう（『象徴天皇制度と日本の来歴』一九ページから二一ページ）。

この「活動報告書」書き込みの段階で、問題意識の強い人とそうでない人を簡単に見分ける方法がある。各項目の答えが、全体として一つのテーマに貫かれているようになっているかどうかだ。全体が一つの「物語」になっている人は、中心を持っており、それがその人の問題意識である。一方、それぞれの項目に書くことがばらばらで、「物語」にならない人もいる。多くの高校生はそうだし、それを自覚して「自分づくり」をこれから始める覚悟を持ってもらえばよい。

例えば、ある高校三年生は次のように書いてきた。

(b)について。

高校二年生の文化祭。クラスで「ウエストサイドストーリー」の劇を発表した。夏休み明けの九月中旬に本番があったのだが、夏休みは準備中心の生活だった。私は、大道具・照明を担当し、劇中のセット、教室の装飾、ロッカーの装飾の準備のために何度も布屋や東急ハンズに足を運んだ。本番は大成功で本当に達成感があった。私は演劇に興味があるので演劇を作っていく作業はとても面白く、良い経験になった。その上に、クラスメイトとも文化祭を通じて交友が深まった。

(e)について。

○作品名：「ハッシュ！」二〇〇二年公開映画。

コメント：三〇歳を目前に控えた同性愛者の男性カップルの日常。私はそれまで同性愛者に偏見を持っていたが、この映画を見たことにより、彼らへの差別はおかしいと思うようになった。そして社会学を通じての同性愛者に興味を持つようになった。

○作品名：「ラマンチャの男」二〇〇二年上演ミュージカル。

コメント：松本幸四郎主演のミュージカル。セルバンティスが「ドン・キホーテ」を執筆する話。圧倒的なミュージカルシーンはその場で観る者の心を揺さぶり、鳥肌が立った。私はそれ以降、演劇の虜となった。

(g)について。

将来は演劇の評論に携る仕事に就きたい。私は、高校二年時に書いた論文のテーマは演劇についてだった。それまでは、好きな俳優が出演しているからという理由で観賞していたが、この論文を書くことにより、日本の演劇集団の種類や演出家についてより詳しく知るようになった。そして演劇では人生がたった二時間や三時間に濃縮されており、シェイクスピアが「演劇は社会を映す鏡だ」と言った通り、私は演劇以上に普遍性のあるメディアはないと思っている。私は大学で演劇を観る側からだけでなく歴史や演出方法など多方面から学び、より演劇への理解知識を深め、それを生かして将来は演劇の評論をしたいと思っている。

このように、ほとんどすべての項目が演劇で染め上げられている人は、「物語」を持っている人だろう。そうなっていない人は、「小論文演習」の一年間の授業を通して、最終的には、一応の「物語」を書けるようにならなければならないだろう。それが小論文の根となり、「志望理由書」にもなる。

2　「長いあいだの経験」を書く

1　「活動報告書」から「長いあいだの経験」作文へ

自分史の年表を完成させ、慶應大学ＳＦＣの「活動報告書」を書くことによって、高校生は自分の人生の「全体」を見渡すことになる。それによって、自分の問題点や課題、テーマや問題意識の芽になりそうな経験を自覚できるだろう。その中から、将来の問題意識に大きく成長しそうな経験、進路選択の際に重要そうな経験を選ばせて作文させる。それを丁寧に見つめることで、問題意識の芽が育っていく。それが「長いあいだの経験」の作文である。

「長いあいだの経験」を書かせ、「長いあいだの経験から『考えたこと』」から始めないのは、そこには無理があるからだ。最初は、長いあいだの経験を、その始まりから終わりまで、ただ時間の順番に書かせることだけに集中させたい。その中に、「考え」は含まれてくるのだが、それをはっきりと意識させるのは次の段階とするのだ。それが一番、無理なく自然だからである。

二 「事前指導」の進め方

表現指導の最初の段階ではもっとも大切な数点にしぼった指導がされるべきだ。そこで、書かせる前の事前指導、きちんとした準備が大切になる。「長いあいだの経験」を書く課題では、次のプリントを最初に配布し、作文のテーマや題材（経験）選び、書き方の目標などを説明する。

(1) テーマと題材（経験）をよく考えて、選ぶこと。
選択の基準：現在の「問題意識」か。将来「問題意識」に成長しそうか。
強い興味・関心がある。激しく心が動かされた。長く考えてきた悩みや疑問。

(2) 経験の書き方（その経験から考えたことを書くのではない）。
①どの時点を「はじめ」にし、どの時点を「おわり」にし、どこを「なか」にするかを考える。
②その「はじめ」から「おわり」までを、出来事の順番に書く。
③事実に即して、具体的に書く。
自分や周囲の人々、その状況などを丁寧に思い出しながら書く。

④読者（自分を知らない他人）に分かるように書く。
⑤タイトルをつける。
(3)　文中の判断にはできるだけ「根拠」（事実）をあげること。
(4)　段落分けをよく考える。
(5)　字数制限はない。書きたいだけ書くこと。

「何を書くか」（題材）が重要だが、それはすでに述べた。ここでは「どう書くか」を中心に説明する。最初は、もっとも簡単でシンプルな形式を用意したい。構成は時間の順番。そして、最初の段階で求めることは、「具体的に書くこと」「わかりやすく書くこと」の二点だけにしたい。「根拠」に触れてあるのは、この二点に関連するからだ。

ただし、具体的な文章に即して説明しなければ高校生にはイメージができない。そこで二、三の高校生の参考作品を示し、その良い点、悪い点を説明しておきたい。どこが「具体的」で「分かりやすい」か、どこがそうでないか。

高校生の心をつかめるのは、プロの立派な文章ではない。拙くとも、懸命に自分を語っている文章であり、同じ高校生、同じ学校の先輩や仲間たちの文章である。

参考作品とは、良い例だけである必要はない。逆に、皆が陥りやすい問題を含んでいる文章も大切である。私は、あえて「観念病」「情緒病」を例示することがある。もちろん、すぐれた文章をも示しておきたい。

参考作品には「長い」もの（三〇〇〇字を越えるぐらい）を選びたい。八〇〇字程度を「標準」と考えている既成観念を壊しておきたいからだ。そして、字数制限なしに、「書きたいだけ書くこと」を求めたい。しかし長く書かせるためには、原稿用紙は邪魔である。ただ縦に線を引いただけの用紙（大きさはＢ４である）を用意して、気の済むまで書いてもらうのが良い（九四ページに実物あり）。

さて、いよいよ書かせるわけだが、書かせた後の指導こそが、最も肝心である。

三　事後指導　課題を明確に

高校生が書いた作文が提出された後、教師によって何がなされているのだろうか。残念ながら、ほとんどの高校では何もなされないようだ。返却すらされない場合も多い。「書きっぱなし」「書かせっぱなし」である。これで良いと思っている教師はいまい。

ではどうしたら良いのか。私の塾では、まず、クラスの仲間同士で、全員の作品を読み合い、批判し合う。最後に、教師（私）が、生徒作品に書き込みをしたものを配った上で、批評をする。

では、何をどう批判し合うのか。現在、ほとんどの高校生は、作文の評価基準をまだ確立していない。したがって、作品を見る視点を最初にあたえておかなければ、何も意見が出てこないことが多い。また、意見が出ても、間違った観点ばかりが出て混乱することもある。

最初に行う相互批判の基準とは、最初の段階で指示した書き方のポイントに他ならない。つまり、(1)テーマと題材（経験）の適切さ、(2)経験の書き方、(3)文中の判断に「根拠」（事実）が挙げられているかどうか。(2)では特に、「具体的に書くこと」「分かりやすく書くこと」の二点である。それが(3)の「根拠」と深く関係する。

ここでは、提出された生徒作品の全てをクラス全員に前もって配布した上で、相互批評の観点をまとめた二種類のプリント「自己評価」「他者評価」を配布し、自分の作文には「自己評価」を、仲間の作文には一人の評価者に二人の割り当てにして「他者評価」を記入してもらう。それを「検討会」当日までに提出してもらった上で、話し合う。

検討会では二点を話し合う。①一番問題意識が強いのは誰の作文か。これは選んだ題材（経験）が、問題意識の芽として適切かどうかを考えることになる。②課題の「具体的に書く」「分かりやすく書く」が、一番できているのは誰の作文か。

この二点を全員が発表する。具体的な根拠（「〇ページの〇行目のどこに、どう書いてあるから」など）をあげながら、発表してもらう。

多くの票が集まった作文にしぼって全員でその良い点や悪い点を検討し、本人にも応えてもらう。最後に教師からの書き込みプリントを配布し、説明とコメントをする。

全員で検討できる作文は数点に絞られるが、生徒の全作文を取り上げて、教師からの書き込みプリントを配布し、説明とコメントをする。

私が生徒の作文にどのように書き込みを入れ、コメントをするかを説明する。私が最初の段階で求めることは、「具体的に書くこと」「分かりやすく書くこと」の二点に、ほぼ限られる。したがって、この段階で私が指摘することも「具体的に」「分かりやすく」書かれている箇所の横に直線を引くことと、逆の箇所に波線を引くことだけである。「分かりにくい」と思った理由をそこに書くこともある。できれば「会話」のやりとりで書くようにも言う。そして最後に、私は「概評」として、全体的なコメントを書く。そこでは、題材の選択が適切かどうか、問題意識の芽になっているかどうか、という観点が中心になる（九四ページの作文を参照されたし）。

最初の文章では、たくさんの指摘をしないことが肝心だ。始めは、具体的でないところ、分かりにくいところを指摘するだけでよい。それ以外のことはついでに触れるだけで良い。

生徒同士の相互批判は、極めて重要である。高校生は、仲間からこそ一番学び合うようだ。彼等は自分の作文になると分からなくなるのだが、他人の作文の欠点にはしばしば的確な批判をする。そして、教師からよりも、仲間に言われることの方がこたえるのだ。

また、仲間から学び合うという雰囲気を作り上げることが、作文教育では重要だ。良い作文はもちろんだが、悪い作文も大切な教材である。こうした相互批評を通して、クラスのメンバーが「仲間」になっていくのである。

この検討会の重要性は、どんなに強調してもしすぎることはないと思うが、これが可能なのは、せいぜい二〇人までの規模であろう。一斉授業で、クラスが四〇人ほどでは難しいであろう。しかし、その場合でもやり方によって、それは可能だ。

茨城で長く作文指導をされてきた程塚英雄氏は、「国語演習通信」という教科通信を発行することで、その課題を果たしてきた。クラス全員の作文を掲載はできないが、五、六編を毎回取り上げ、氏の丁寧なコメントを付けている。また、場合によっては、二、三編の作文についての、感想をクラス全員に書かせることで、それを掲載する場合もある（巻末付録を参照されたい）。

Ⅳ　公開か非公開か

ここで、作文を公開するかどうかが、大きな問題になる。

作文の公開・非公開は大きな問題だ。これは良心的な先生方が皆悩む問題だろう。自己表現は危険であり、仲間に受容されなければ深く傷つく。そこで非公開の原則をたてているところが多い。公開する場合は、いちいち本人の了解を得ているようだ。

私は、実際に書かせる前に、クラスで以下のプリントを配布し説明しておく。

公開の原則
①作文はクラス内部では公開する。これは教育のためである。
②ただし、プライバシー保護のために、本人の了解なしに、外部に持ち出してはならない。プライバシーが保護されることは、基本的人権である。本人の了解なしに、外部に持ち出すことは人権侵害であり「犯罪」である。

文章とは、基本的に他者に開かれたもので、それだからこそ、当人の救いにもなるのではないか。私たちは弱いので、なかなか自分に厳しくなれない。他者に読まれるという緊張があるからこそ、自分にむち打って現実に向き合うことができるのだ。また、非公開にすれば、先生と生徒の一対一の閉じた関係が基本になってしまう。それは依存関係を強めてしまう可能性もあり、危険な側面がある。やはり高校生たちを信頼し、公開し、仲間同士でオープンに批判し合えるような関係を築けるように努力したいものだ。

実はこの問題で、多くの先生方に欠けているのは選択権の観点である。公開か非公開か、その選択権は本人にあるのではないか。非公開が原則では、その選択権を奪うことになる。公開が原則ならば、公開できるテーマと題材を選んで書けばよいので、選択権は保証されている。

公開できないときはどうするのか。書かなければよいと思う。書ける時まで待てばよいのだ。

もちろん、私のクラスでも公開は「原則」であり、これだけは公開しないで、と言ってくる場合は、例外的に認める場合はある。しかし、最初から「非公開も認める」とは言わない。何を書くかという当人の選択を尊重したいからだ。

3 事後指導と書き直し

事後指導の方法について述べてきた。クラス全員での相互批評を行い、教師からの書き込みプリントを配布し、説明とコメントをする。観点は第一に、題材の選択が適切かどうか。問題意識の芽になっているかどうか。第二に書き方で、「具体的に書くこと」「分かりやすく書くこと」ができているかどうか。以上の二点に、ほぼ限られる。

そして、この検討会を踏まえて、皆が書き直すのである。一回は必ず「書き直し」をさせる必要がある。この段階の課題を確実に消化していくためである。

書き直しのポイントは、第一には、文章の基本を練習することにある。第二には、題材について再考し、自分の生き方を反省することだ。

では、以下に、事後指導と書き直しの実際を検討しよう。

1 「吃音とわたし」

次の作文は、高三の女子が、四月の一回目の作文で書いたものだ。自分の「吃音（どもり）」の体験を見つめたもの。自分が「吃音持ち」だと分かるまでの過程と、その後の「吃音」とともに生きていく生活が時間の順に描かれていく。

吃音とわたし

私は吃音者だ。吃音者といっても、言葉を何度も繰り返す連発性のもの（例えば「作文」と発音する場合は、「さ、さ、さ、さ、さくぶん」となる。）と、言葉を発音しづらい難発性のもの（先程の例で言うと、「さくぶん」の「さ」の発音がなかなか出来ない。）とに分かれる。私の場合は後者、難発性である。ここでは、一般的に焦った時や慌てた時に「どもる」こととは区別する。日常的に「どもる」人のことを〝吃音者〟と呼ぶ。

今では自分が吃音持ちだとわかるが、これがわかるまでには多くの時間を要した。まず、言葉が話せるようになり、周囲と会話が出来るようになった頃、一番古い記憶では三、四歳だと思うが、その頃は連発性の吃音だった。何度も、足を床にたたきつけ、ひたすら同じ言葉を繰り返していた。例えば「お母さん」と呼びたい場合には、「お、お、お、お」と言いながら足を床にたたきつける。次の「かあさん」へ、なかなか言葉がつながらず、もどかしい思いを床にぶつけていた。でもその頃は、どうして自分が両親や兄のようにスムーズに話せないのか、などということを意識したことはなかった。後に母から、幼稚園の先生に言葉の教室に通うことを勧められたということを聞かされたので、激しく周囲の目なども気にせず素直に吃っていたのだと思う。

それが意識するようになったのは、小学一年生になった頃だった。家で兄の友だちと一緒に遊んでいる時に、兄の友だちの一人に「変なしゃべりかた！ お、お、おにいちゃんだって！」と言われたのを、よく覚えている。その時は、とてもショックだった。その兄の友だちの「お、お、おにいちゃん」という真似の仕方が、とても大袈裟だった。それまでみんなは何も言わずに接してくれてはいたが、みんなには私がこの様に映っていたのか、と悲しかった。それからは、自分でもよく意識するようになり、次第に、何度も繰り返し発音するのが恥ずかしいために、何度も繰り返しそうな言葉を言わないようになった。それと同時に、自分がいつも決まって言いにくい平仮名はア行、カ行が中心だということがわかり、大きく意識せざるを得なくなった。しかしこの頃はまだそれが吃音であるということに気づかなかった。

小学校も三年、四年生になってくると、学校を中心とした社会生活も身に付き、自分のこの得体の知れない、人とは違う性質について考えることが多くなった。たまに友達に「何を言っているかわからない」だとか「どうして言葉が詰まるの？」だとかいった疑問を投げつけられることもあったが、自分でもよくわからなかったので「生まれつきだよ」などと適当に答えていた。この頃には、ほとんどを連発性から難発性に変化していた。

（中略　言いにくい言葉を言いやすい言葉に置き換える話、言いにくい「ア行・カ行」の問題、小学四年生の国語の授業で「ごんぎつね」の朗読をした話がある。）

そして、中学受験の時は、面接のない学校だけを受け、S中に入学した。私は、もうこの頃になると、自分のこの『つっかえる』ことを世間では『吃る』と言うことを知ってきていた。そして、この吃ることを小学校時代に増して意識するようになった。中学生になれば、友達とじっくりと話しこむことも増え、また家に電話をかけ、自宅で話すことも多くなった。そんなある日、友達の家に電話をかけた。すると、友達のお母さんが出た。「はいもしもし。」私、「あの、S中の・・・く・・・・く・・・・く・・・(名前が出てこない)、あの、S中の、あの・・・」「はい？」「あの・・・く・・・・く○○○ですけど、・・・」やっと言えた、と安堵すると同時に、非常に恥ずかしくなった。電話は相手の顔が見えないぶん、とても恐い。私はそれから、自分が自分の名前を言えないかもしれない、ということについて強く頭にインプットしてしまった。自己紹介も、例えば写真屋に現像を頼みに行く際に、「お名前は？」などと聞かれることも、極度に恐くなった。自分の名前は、この世の中で最も、言うことの多い、また言いかえが決して利かない言葉である。

この作文は、前半の「吃音の経験」部分と後半の「吃音についての調査結果」の部分とからなるが、その前半部分の一部を掲載した。私はこの作文を読んで、初めて吃音者の世界を知ったと感じた。幼少期からの辛い経験を丁寧に淡々と書きつらねていく文章には、力が満ち満ちている。傍線部の「名前」の唯一性の指摘には、頭をガツンとなぐられたようなショックを覚えた。まさに彼女にしか言えないセリフであろう。

この文章からは、著者が自分をよくよく突き放して見つめてきていることがうかがわれる。また独特の畳み掛けるようなリズムがあるこうした文体は、吃音者としての生活の中から育まれたように感ずる。こうした作文は、ほとんど書き直す必要がない。考え抜かれたことを、そのまま書くだけで、こうした完成された文章が生まれてくるのだ。その後ろには、数々の辛い経験と、それに耐えながら強靭に生きてきた著者の思索とがあるはずだ。こういう人は「情緒病」にはかからない。免疫ができているからだ。したがって、書き直しの必要もないのだ。

こうした辛い経験をしっかり見つめた作文の力は、クラスの仲間に確実に伝わり、皆を勇気づけ、自分もしっかり書こうという気にさせてくれる。

彼女の作文はとても優れていたが、彼女に書き直しを求めなかったわけではない。経験部分には問題はないが、後半部に大きな問題があり、その書き直しが必要になった。それは後述（一一二ページ）する。

なお、この著者は、実は七三ページの「活動報告書」の書き手でもある。吃音者として生きてきた経験が、彼女の「演劇」への想いを支えているのだろう。

さて、この長さにも注目してほしい。今回取り上げた「吃音の経験」部分だけで三二〇〇字ほど（約半分を掲載した）。この後に、吃音についてインターネットで調べたことをまとめた部分が続くが、それが一八〇〇字ほどだ。この長さの意味を考えてみてほしい。

経験を書く目的は、その経験をもう一度内的に生きてみることに他ならない。そのために、全体を順番に、具体的に丁寧に書いていくのだ。したがって長くなるのがあたりまえなのである。

しかし、高校生に作文を書かせると、だいたいにおいて、今回掲載した文章の半分から三分の一程度（字数で八〇〇字ほど）で書くのが普通である。書くナカミがないから短くなるというよりも、「そうしたものだ」と思いこんでいるために短くなってしまう場合がほとんどである。こうした「短くまとめた書き方」が一般的になっているのはなぜなのだろう。これでは「観念病」の温床になるだけである。

三　「学校と私」

「吃音とわたし」の場合には、経験部分に関しては、書き直す必要がなかった。こうした場合もあるにはあるが、極めてまれな例である。

ほとんどの場合には、書き直しが必要だし、また書き直しが有効である。次の作品は高三の女子が春に書いたものである。彼女は幼稚園から大学までのエスカレーター式の私学に通学した。しかし、中学で退学し、公立中学に転向した。

学校と私

（前略）中学二年の終わりを待たずに、私は学校をやめてしまった。原因は、友達にうられたからだった。言い方は悪いが、要するに、自分が問題を起こして学校側から事情聴取されていたある生徒が、自分の処分が軽くなると思ったのか、なぜか他人の事を知ってる限り言いつくしたらしく、私も呼び出された。私としては、すでに一度処分を受けたし、自分としては更正して、頑張っている所だったのに、そんな過去のことを持ちだされて、遡急処罰を受けているような気分だった。他にも何人も芋づる式にひっぱられ、大量処分で大混乱になった。私は何も言わなかった。そんなの当たり前だ。私が他人のことを言ったからって、何にも解決にはならないし、ばかばかしい。私はあきれた。

A

登校拒否になってはいたけれど、毎日学校で事情聴取を受けることになっていたが、私はボイコットした。私はそれからもう学校には行かなかった。ばからしくって行きたくない、と思ったのもあるし、私自身が傷ついたというのもあった。そんなことでいちいち傷ついていたくはなかったが、実際私は傷ついてしまった。私は、先生とは、生徒がまちがったことをしたら、それを正すために誠意を持って指導する人(a)のはずだ、と思い込んでいるところがあった。しかし、先生は処分した生徒を使ってまた新しい生徒を処分し、生徒は保身のために何でも言う。これでは悪いものを良くしようというよりは、排除することしか考えていない(b)ように思えた。自分の理想とのギャップ(c)が悲しかった。

私がそのまま学校を放棄してからは一カ月の間、私の代わりに両親が出向き、学校の対応をしてくれた。両親に、申し訳ないという気持ちはあったけれど、それ以上に自分の気持ちが優先されてしまって、自分のことしか考えられなかった。そうしているうちに、学校を辞める手続きも整い、公立の中学に籍を置くことになった。要するに転校ということだが、その時の私の意識では、籍を置く、というつもりだった。私は学校自体に行く気がなかった。しかし義務教育だし、どこかに属しておかなければいけないし、だからといって前の学校に籍をおいておくのは嫌だった。もう全てを切ってしまいたかった。今まで関係してきたすべての人とも、縁を切ってしまいたかった。私は毎日自分一人で過ごした。友達や、教師に対して、一度に私にふりかかってきたショックを、落ちつかせるための手段だったんだと思う。

私は絶対に学校に行かないと決めていた。転校手続きもすみ、登校するはずだった日から、すでに三日も経っていたけれど、行っていなかった。しかし、学校をボイコットしてから一カ月、自分のことばかり考えて過ぎていた生活にも、いい加減飽き始めていた。新しい公立の学校の制服が可愛かったので、着てみたくなり、ちょっと学校に行ってみよう、と思った。「絶対に人付き合いなんかしないぞ。」とだけは心に決め、どうせずっと通うのは無理だし、三日くらい行ってみて、良さそうだったらまた気が向いた時にでも行ってみよう、と考えながら、初めて公立中学校に行ってみた。

「私の経験では、転校生なんて見向きもされないで、一カ月くらいして、やっと「ああ、あ

B

の子新しく来たの？」程度に見られるのが普通だった。まさか大歓迎をうけるなんて思ってもみなかった。予想外の展開に対処しきれず、三日ぐらい、のつもりが、ずるずる通い始めてしまった。

この学校の子はやたら素直で純粋な感じがした。素朴というか、逆に私が汚くみえて心苦しくなった。前の学校では、みんなはずる賢くって悪いやつ(d)で、私が純粋すぎてばかをみたんだ(e)、と思っていたところがあったのだけれど、適当な気持ちで学校にきて、人ときちんと付き合おうとすることもできないなんて、私こそ汚いやつだ(f)と思えてきた。

それからは葛藤(g)だった。私と仲良くしようとしてくれる学校の友達に対して、きちんと向き合って付き合いたいと思う自分(h)と、そうは思いながらも、友達関係を作ることを、むしろ避けようとしている自分(i)とがいた。それから二カ月間は頑張ってみたけれど、結局学校に行かなくなった。無理をして学校に行き、作り笑顔をすることもなく、だいぶ気は楽になったが、後悔が残った。そんな時、母が担任を通して、クラスの一人から手紙を預かってきた。かなり素直な意見が述べられていた。

「そういう風に、学校に来ないのはまちがってると思う。私も行きたくないって思ったことがあって、辛かったけど、一生懸命行ったよ。」という内容だった。私はこんな風に素直に向かってこられたことはなかったので、なんだか感動した。

三年生になって、区切りもいいし、久々に学校に行ってみることにした。私はそもそも、転校初日から三日遅れで登校しはじめ、かと思ったら二カ月で来なくなるような、相当変な転校生だったわけだから、みんなにひかれても当然だろう、と覚悟はしていた。しかし学校に行ったら、あたり前のように「おはよう」と言われ、普通に対応され、逆にびっくりしてしまった。しかし私の警戒心がまだ根強くあったので、気を許すまい、と自分に言い聞かせていた。初めのうちは休み休みだったり、遅刻早退の繰り返しだったが、だんだん日を重ねるうちに、考えが少し変わった。気を許すとか許さないとか、そんなに方針一つにしぼらなくてもよくて、こだわりすぎずやっていく方がよい、と考えるようになった。そのうちに友達も何人かでき、出席もほとんど毎日になっていった。

C

　これには先生の力が大きくあったと思う。公立の学校には、私の他にも問題児が何人かいたけど、他の生徒に対しても、排除するという姿勢はみられなかった。特に私は校長と担任にはとても目をかけてもらっていたと思う。私みたいに迷惑ばかりかけている生徒にも、受け入れてくれてすごく優しかった。教師なんて大嫌い、と思いかけていたけれど、こんな先生もいるんだ、と思うと嬉しくなった。先生のおかげで、学校も、少しずつ好きになっていった。（後略。この後には中学卒業後の進路の悩みが書かれている。結局彼女は都立高校に進学する。A、B、C部分での記号は後の説明のために入れた）。

III　どこをどう読むか

この作文にはすばらしい力がある。「これまで一生懸命考えてきたことがある」人の文章だ。それは表現上のどこから分かるか。この文章の中（傍線部）に、すでに明確な対（反対の言葉）が現れていることからである。人が悩み、苦しみ、真剣に考えてきたことを表現するならば、その中に自然に対が現れる。これが論理の萌芽である。論理とは頭の中にあるだけではなく、現実の中に、生活の中に潜んでいる。このことを、この最初の段階で、当人にもクラスの仲間にも指摘しておくことが重要だ。

「理想と（現実と）のギャップ(c)」が、「先生とは、生徒がまちがったことをしたら、それを正すために誠意を持って指導する人(a)」（理想）と「悪いものを良くしようというよりは、排除することしか考えていない(b)」（現実）として書かれている。

「ずる賢くって悪いやつ(d)」に「純粋すぎてばかをみた(e)」自分が対置される。

「私と仲良くしようとしてくれる学校の友達に対して、きちんと向き合って付き合いたいと思う自分(h)」と、その対極の「友達関係を作ることを、むしろ避けようとしている自分(i)」との「葛藤(g)」がまとめられている。

これが「一生懸命考えてきたこと」を書いた文章の特色である。これが吉野源三郎の言う、「思想」の萌芽なのである。これを大切に育てていく指導が必要なのだ。しかし、これが先の

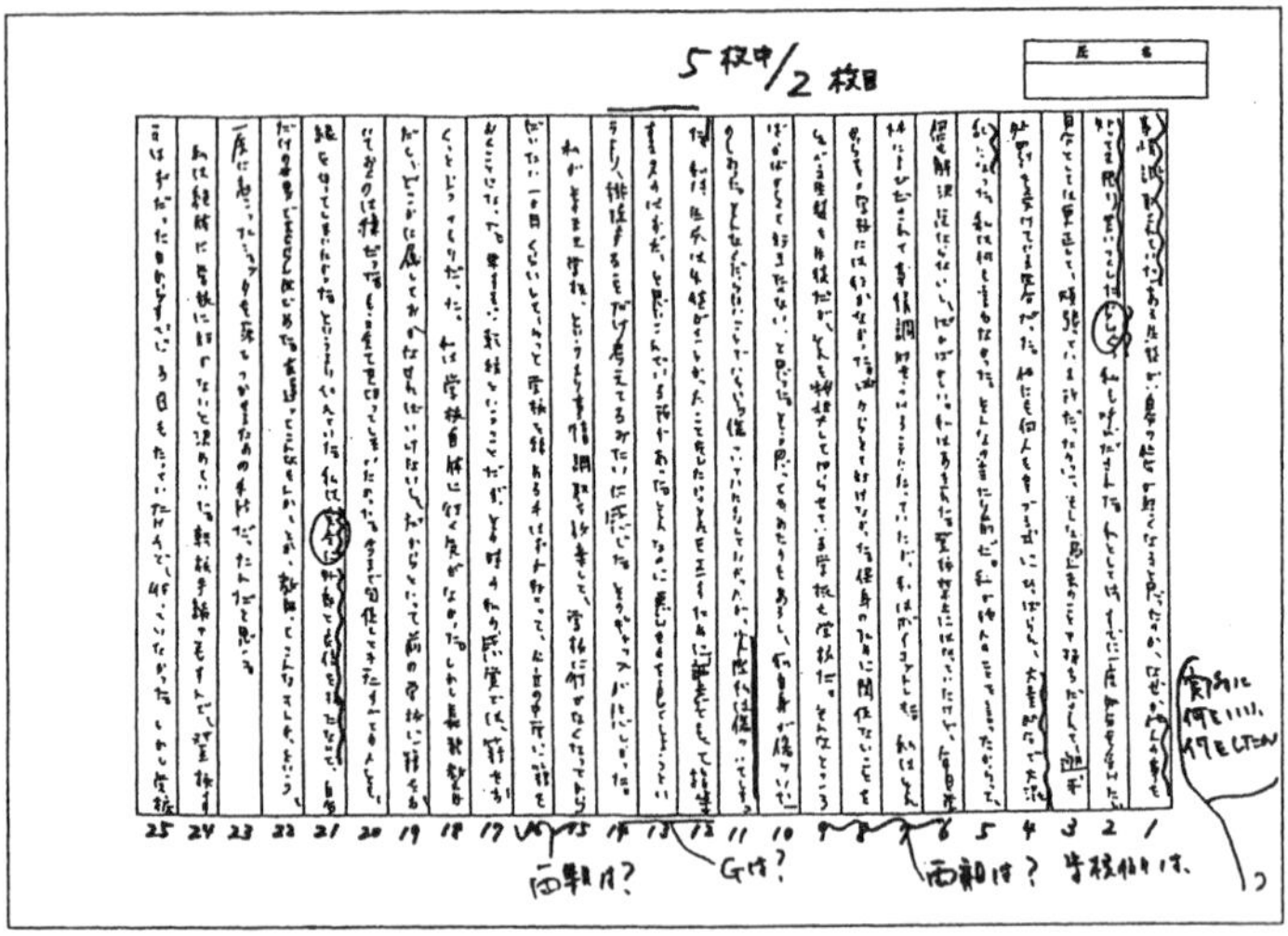

生徒作品の実例（「学校と私」より）

段階の課題であることも、教師は意識しておかなければならない。

なお、掲載したのはこれでも全体の約半分である。この長さの意味を再度、考えていただきたい。

さて、この文章はすぐれたものだが、「具体的に書くこと」「わかりやすく書くこと」の二点で問題はある。私はA、B、Cの波線部を「具体的でない」と指摘した。その中には「知ってる限り」「言いつくした」「大混乱」「大歓迎」「予想外の展開」「ずるずる通い始め」「排除するという姿勢」「受け入れてくれ」といった決まり文句や定型の比喩表現。「素直で純粋」「汚く」「普通だった」「優しかった」といった評価の言葉、「大きな言葉」などが含まれている。ここには「情緒病」が顕著と言える。

私が最初の段階で指摘するのは「具体的に」「分かりやすく」書かれている箇所の横に直線を引くことと、逆の箇所に波線を引くことだけなのだが、それ以外にも、問題点には波線、優れた点には直線を引く。この作文では対の表現が出ている箇所にも横に直線を引く。「いいぞ」のつもりだ。

そして、最後に「概評」として、全体的なコメントを書いた。初めてこの題材を取り上げたことに讃辞を送る。本人の問題意識を育てるために、題材選択が極めて適切であるとの評価だ。実は、「学校とわたし」の著者は高二の秋から入塾し、作文を書いてきた。しかし、この題材で書くまでに、約半年ほどかかっている。なぜだろうか。

「吃音とわたし」や「学校と私」の著者のように、過去に辛い経験をしてきた生徒はすぐに題材が見つかるし、すぐに書けるように思われるだろうが、そうではない。

❖指導のポイント⑨

・「対」（AでなくBである）は論理の萌芽。悩み、苦しみ、真剣に考えてきた人の文章には頻出する。このAとBを簡単な反対の言葉で言い換えることで論理性が増す。

・「決まり文句」や「定型の比喩」表現、「大きな表現」をやめる。判断や評価の前に根拠（事実）を書く。

「経験があるなら、それを書けばいいではないか」。それは何も知らない人の言葉だ。強い問題意識を持っているからこそ書きにくいのが普通だ。自分の問題を直視するのは辛いことだからだ。また、私の場合は「公開の原則」があるからなおさらだろう。仲間や教師への信頼が確認されるまでには時間も必要だろう。

したがって、その周辺、または無関係な題材を書くことを許容しながら、注意深く、本人の「覚悟」ができるのを待つことが肝心だ。以下は本人の弁だ。

「小論で、『自分の一番大切な経験を書け』と言われた時、すぐにピンときました。しかし大切過ぎて書けないと思ったし、書きたくないと思ったので、書けませんでした。しかし、中学時代の私という背景をとばしては、今の私のどんな意見を書こうと説得力のある文にはなりませんでした」。

「先生に、『どうでもいいことを書くな。君は何にも考えてない』と言われた時、くやしくて泣けました。本当は考えてるのに、これまで一生懸命考えてきたことがあるのに、と思うとくやしくて、だから本当は書きたくなかったけど、書く気が湧きました」。

書くだけの覚悟が定まったときには、当人が自発的に書き始める。それをじっと待つだけの覚悟が教師には必要である。

さて、この文の著者は、仲間からの批評や、私の指摘やコメントを参考にして書き直しをした。その書き直しの文章で何が変わったのかを検討することで、「書き直し」の意味を考えたい。

Ⅳ 「書き直し」の意味

「書き直し」は何のためにするのか。文章表現の最初の段階では、「具体的に書くこと」「分かりやすく書くこと」の二点を課題としている。したがって、書き直しは、まずはこの課題を意識させ、着実に前進させるためである。そして、書き直しをする中で、初めて課題の意味が分かってくるものなのだ。

では課題の意味とは何か。それが本人にとって、どんな意味があるのだろうか。

第一の「具体的に書くこと」を言うのは、本人が自分にとって大切な経験をもう一度、内的に生きてみてほしいからだ。「会話」で書くのも、「決まり文句」「大きな言葉」を避けるのも、このためである。これが「観念病」克服の端緒である。

経験を生き直す過程では、恨み・怒り・悲しみといった生々しい感情が吹き出すことも多い。この著者のように、切実な経験ほどそうなりやすい。しかし、それは一つの過程としてどうしても必要なのだ。もちろん、感情におぼれる段階に止まっていてはならないだろう。そうした感情や判断を引き起こした事実経過（根拠）を丁寧に見つめ直してほしい。ここに、事実を具体的に書かせる第二の意味がある。これが「情緒病」克服の端緒である。

こうした第二の意味をいっそう促進させるために、「分かりやすく書け」と指導するのである。これは、他者である読者を意識することで、自分を「相対化」し、経験を客観的にながめるためである。当時の状況を知らない他者に「分かりやすく書く」には、自分以外の視点を持つこと、他の登場人物の視点も考えることになり、より多面的な視野を持つことが可能になっていく。こうして全体を見渡せるようになると、本人も少し落ち着いてくるようだ。そして、それからやっと、問題点や山などを考えることができるようになるのだ。

「内的に生きる」ことと、自分を「相対化」すること。自己にのめり込むこと、他者の視点から自分を突き放してみること、この二つの側面は、対極的な課題で、それをともに求めることは矛盾するように思われるかもしれない。しかし実際は、それは両立するし、相乗効果をもたらすことが多い。

他者の視点といっても、それはとりあえず読者として意識される高校三年の仲間であり、その視点で自分の経験を眺めることによって、現在高校三年の自分の視点から、当時の自分を見つめ直すことになる。

そうなのだ。経験は、ただ、思い出して書けば良いのではない。客観的に書こうと相手側に立ってみると、違って見えてくることがある。当時の自分には見えなかったことも分かってくる。そして、現時点で、自分はそれをどう考えるのか。今の、自分の考えをハッキリさせることが目的なのである。当時の自分と一体化すること自体が目的ではない。それを相対化していくための、一過程として不可欠だと言っているのだ。

つまり、ここでは二つの意味で「自己相対化」が行われているのだ。第一に、自己だけの視点からしか見ていなかったものを、他者の視点からも見られるようになることだ。過去の経験を、その場のさまざまな登場人物の視点からも再考する。第二に、過去の経験を、現在の自分の立場から再考することだ。過去をそのままに肯定することはできない。「では、今の私はどう考えるのか」「昔のままの考えで良いのか」。それを、一つ一つの判断について、考えてみるのだ。そして、以上の二つの自己相対化を繰り返すことで、現在の自分の問題意識を作っていけるだろう。

Ⅳ 「書き直し」の是非

著者の書き直しで何が変わったか。一回目の作文と二回目の作文の間では、全体には大きな変化はない。構成は同じだし、前回指摘した「すぐれた点」はそのままである。「書き直し」

❖指導のポイント⑩
二つの「自己相対化」
・第一—自己だけの視点——→他者の視点からも見る。
・第二—過去の経験、過去の思いや判断——→現在の自分の思想・立場から考えてみようとする。

は、具体的でないと指摘した箇所（A、B、C）にほぼ限定されている。

A、B、Cの部分は、以下のように直されている。

〈A〉その頃、問題を起こした一人の生徒が、処分のため、学校側に呼び出された時に、自分の処分を軽くしようと思ったのか、全く別件に関して、他の生徒の告げ口をした。そこから始まって、何人も芋づる式に呼び出されるという事態になった。そして私もその一人だった。私としては、すでに更正して頑張っている所に、このことを持ちだされても、遡急処罰を受けているような気分だった。先生に、「他の人のことでも、何か知ってることがあったら、なんでも言いなさい。」と言われた。私は言わなかった。「他の人はみんな話してくれるに、どうしてあなただけそう素直じゃないの。」と言われた。私は自分と無関係の人の事について話しても何の解決にもならないと思った。

〈B〉私にとって、転校生なんて、そんなものめずらしい存在でもないと思っていたが、この学校では違った。初めて登校した日、予想外の大歓迎に驚いてしまった。席を囲まれ、質問ぜめにあい、他クラスや他学年まで教室の外に群がって見物しに来ていた。本当にびっくりした。対処しきれず、三日くらいのつもりが、気付いたらずるずると通い始めていた。たかが転校生に、こんなに反応できるなんて、純粋なんだなぁという印象を持った。それに比べると、自分は無感動で、そういう純粋さがない、と気づいた。

〈C〉　これには先生の力が大きくあったと思う。中三の初めのころ、私は学校に来ても、帰りたくなると勝手に早退してしまうことがよくあった。担任に「急にいなくなるとびっくりするから、帰る前にはちゃんと一言言っていくか、それが無理なら家についたら電話して。」と言われた。かなりほっとした。帰りたくなったら帰れるなら学校に来てもいいかも、と思えるようになった。私はかなり迷惑な生徒だったはずなのに、排除しようとせず、その改善を待ってくれたのが、嬉しかった。教師に対する偏見がきえていった。

Aでは、会話が入り、最初あった生々しい感情の吐露（□部分）が消えている。Bでも同じだ。より事実に即した表現になり、「素直で純粋」「汚く」の根拠や、実際に意味していることがはっきりしてきた。Cでは「排除する」「受け入れてくれ」という対が、実際に意味することを書き、「優しかった」教師の実際の言動を示した。自分の気持ちの変化も言葉にできた。ここでは明らかに、追体験が深まっている。

この生徒の場合は、書き直しによって、確実に情緒病を克服し、経験の全体を見渡すことに成功していると言えるのではないだろうか。つまり、二つの自己相対化は、確実に進んでいると考えられる。

教師の中には「書き直し」を否定する人がいる。「添削」を否定する人がいる。そもそも教師が指導することすら否定する人もいる。「経験作文から論文へ」など、とんでもない。「作文コンクール」への応募、新聞への投稿なども否定される。なぜなら、それは生徒の作品でなく、教師の作品になるだけだ。生徒が本来持っていたものが失われ、変形されてしまうのだから。そう彼らは言うのである。

しかし「変形」「変化」のすべてが悪いわけではない。それが本人の成長につながる変化かどうかだけが問題なのではないか。「変形」「変化」のすべてを否定するならば、成長はあり得ない。「書き直し」の評価は、その目的をどの程度達成できたかで決まるのだ。

なお「添削」についてだが、最初の段階で個々の表現を意識させることは無意味なので、私は「効果的な表現」をねらって直させるようなことはしない。繰り返すが、直しは、「具体的に」「分かりやすく」の課題にほぼ限定されるのだ。つまり、二つの自己相対化である。「書き直し」の目的は、「優れた作品」「完成された作品」を作ることではない。それを通して、自分の課題をより深く自覚することである。

4　経験の「焦点化」のために

この最初の指導過程の重要さは、どんなに強調しても、しすぎることはない。この段階で「具体的に書くこと」「分かりやすく書くこと」の二点をはっきりと意識させることは、この先のすべての基礎になっていく。これをクリアーせずに、「観念病」と「情緒病」の克服は不可能である。

しかし、最初の段階の作文には、その後のさまざまな過程における大きな問題点がすでに現れている。最初の書き直しでは「具体的に書くこと」「わかりやすく書くこと」の二点に集中させるとしても、二回目以降になればその先の課題に取り組ませなければならない。

教師は、そうした課題の現れには、「萌芽」としては気づいていなければならない。そして、高校生には先の大きな課題として、意識だけはさせておきたいのだ。

❖指導のポイント⑪

「焦点」とは、物語や経験の「山」のこと。そこに登場人物の本質や事柄の核心が現れる。

「焦点化」とは、一つの山にしぼり、経験全体を整えること。

経験文から論文への過程では、経験を「焦点化」する段階が重要である。それがあって始めて、「一般化」もできるのだ。

「焦点化」とは何か。物語の盛り上がりを「山」というが、それは登場人物の本質や事柄の核心が現れるところであった。経験でも同じであり、そこには山がある。「焦点」とは、経験の山のことであり、その山がはっきりと浮かび上がるように全体を整えることを「焦点化」すると言う。山と関係しない部分は削り、分かりやすくするために不足部分を書き足すこともある。複数の山があるようなら、自分が一番問題にしたい事柄を選んで、そのただ一つの山が浮かび上がるようにする。

経験の「焦点」が、書き直しによって変わる例を次に紹介したい。

次のコメントは、SFCの「活動報告書」の(d)「あなたの物の見方や考え方に大きな影響を及ぼした感動的な出来事や体験の内容」(本章六六ページ)で書いてきた、高三女子の四月の文である。

I　ホームステイの例

一年間アメリカに留学したこと。初めて家族と離れてホームステイした時、洗濯や掃除、食事やお弁当まで自分でやらなければならず、それまでどれだけ家族に頼っていたか思い知らされた。ホストファミリーとトラブルがあったとき、学校の勉強が理解できず悩んだとき、たった一人で解決しなくてはいけないと学んだ。黙っていたら友達もできず、だれにも相手にされなかった時、自分から動かないと何も始まらないことを学んだ。

この経験を題材にして、「長いあいだの経験」を書いたものが以下である。

私の三つの家族

私は、高校一年の夏から一年間、アメリカに留学していた。現地にホームステイし、高校に通うプログラムだ。帰国後、友人や知り合いに「楽しかった」と聞かれるたびに、私は「まあまあ」と答えていた。なぜなら、一年間の留学生活は、一言で楽しいと言える内容ではなかったからだ。私は、二つのホストファミリーにお世話になったが、どちらともうまくいかず、一年間、そのことが大きな悩みの種になっていた。

一つ目のホストファミリーは、老夫婦とドイツからの留学生だった。老夫婦はとても金持ちで、森を持っており、そこで馬を飼い、星を眺めながらジャグジー風呂に入り、毎晩レストランのような豪華な食事を食べていた。私たち留学生には、シャワーやテレビなどを与えてくれて、何の不自由もない生活だった。ただ七十五歳のホストファザーは、耳があまりよくなく、その上私の英語も下手だったので、お互いコミュニケーションが取れず、彼は私と話すときはいつもイライラしていた。もう一人の留学生は、英語がうまくホストファザーと気があっていた様だった。彼はいつも私と彼女を比べ、彼女をほめた。彼女と私は部屋を共同で使った。彼女は家事をしたことがなく、私が掃除、洗濯、料理の手伝いなどを二人分していた。それにも関わらず、彼女はいつもほめられていたので、私は彼女を遠ざけ、ついには話さなくなった。結局、私の家での居場所がなくなり、食事、学校、家事以外は部屋に閉じこもるようになった。

そんな状態で六カ月過ごしたが、私は異常な胃の痛みを感じ、病院に行くと、ストレスによる胃痛だと診断されたので、家で唯一話せる相手だったホストマザーに話すとすぐホストファミリーを変えることになった。

二つ目のホストファミリーは、両親、子供三人の家族だった。彼らは、一つ目の夫婦に比べると、とても貧しく、テレビなどもなかった。（中略）

帰国してから、ゆっくり考えてみると、私はとてもわがままだったと思う。初めのホストファザーとうまくいく努力を一切せずに、ただ彼を嫌うだけだったし、ホストシスターには「一緒に分担して家事をしよう」と一言いっていれば、彼女も分かってくれたかもしれない。十分なほどの環境が与えられているにもかかわらず、私は二人との関係をよくする努力をせずに不満ばかり言っていた。

二つ目の家族があんなに厳しかったのも、それが一番良い教育方針だと思う、と後で教えてくれた。（中略）

今は、何の不満もない本当の家族と暮らしている。しかし、その中でも留学中に経験した二つの家族と比べたことはない。それぞれの家に、違った考え方、やり方、決まりがあり、比べることはできない。しかし、どの家族も、それぞれを愛し、誰よりも大事に思っているということは共通していると、この留学経験を通して感じるようになったからだ。

この文章では、留学経験の全体を書こうとして、ホームステイ先の二つの家族を比較して書いている。しかし、いずれもが中途半端である。そして、中途半端なまま、二つの家庭と日本の自分の家庭を比較する。

その結果、最終段落のような「もっともらしい」まとめ方が現れる。無理して「決め」なければならない、と思いこんでいるのだ。そうした脅迫観念から、早く彼らを解放してあげたい。この傍線部「どの家族も、それぞれを愛し、誰よりも大事に思っている」は何を根拠に述べているのだろうか。根拠なしに最後だけ「決め」ようとするから、大げさで内容の希薄な「まとめ」になるのではないか。

また本人は「比べたことはない」「比べることはできない」と繰り返すが、この文章はあき

◈指導のポイント⑫

ラストを「決める」な。「決意表明」をするな。「道徳的反省」もよせ。無理に「結論」めいたことを書くな。

らかに「三つの家族」を比較して書いているのではないか。こうした「言っていること」と実際に「やっていること」のズレの指摘が重要だ。それが、もう一度、事実を丁寧に考え直すためのきっかけになる。

高校生の多くが、作文のラストには「格好付け」「決めぜりふ」「決意表明」を書かなければならないと思っている。「大きな事」を書かなければならないと思いこんでいるのだ。まずは、それから解放し、「『結論』といえるほどのものがはっきりしない段階で、大きな事を書くな」「『結論』がないなら、ラストには何も書かなくて良い」。そうした指導が必要である。

三　書き直し

以下は、先の文章を翌週に書き直してきたものである。

半年限りの父親

私は、高校一年の夏から一年間アメリカに留学した。日米間の高校生による交換留学は、一九五一年、再び戦争が起きないようにと行われたのが始まりだ。留学生は、家庭、学校、地域社会への参加を通して言葉や文化を学び、アメリカ国民への日本に対する知識を高めることを目的に、現在も行われている。（客観的によくまとめてある。また後の伏線になっている。中井）

帰国後、友人や知人に「楽しかった」と聞かれる度に「まあまあ」と答えていた。なぜなら、私にとっての一年間は、一言で「楽しい」と言える内容ではなかったからだ。ホストファミリーとの関係が大きな悩みの種だった。

一年のうち、始めの半年を過ごしたのが、老夫婦とドイツ人留学生という家族だ。老夫婦は裕福で、豪華な食事、星を眺めながらの風呂、大画面で見る映画などは大変優雅だった。しかし、七十五歳のホストファザーは耳が悪く、私の下手な英語によく苛立っていた。そのため私は彼と話すより、外で友人と過ごすことが多かった。アメリカの高校生は週末にパーティーを開きダンスをしたり映画を見る。そこに行けば新しい友人ができると思って、月に一回は行った。その半面、ドイツ人留学生は英語がうまく、彼とは気があっていた。二ヶ月もたつと、私たちの性格の違いは明らかになり、彼の私たちに対する態度も変わった。

彼女が学校で最高のAの成績をとると、彼はその話を自慢気に、近所の人に話した。私がAを取ってくると、「他の成績は」と、悪いのを探して、見つけると「何故Aが取れないのだ」と、私を叱り、近所の人には、私が成績が悪く困っていると話した。

何故私だけがそのように扱われるのか。確かに私は、彼女よりも英語が下手で成績も悪い。だからといって、態度に差をつける必要があるのか。私は次第に彼と、彼に好かれている彼女を避けるようになった。

そんな時、唯一話せたのはホストマザーだ。彼女は私の下手な英語を一生懸命聞いてくれ、時には深夜まで付き合ってくれた。彼女と話すうちに、ホストファザーが末期癌であることが分かった。彼は、年を取って体の自由がきかなくなり、あと何年も生きられないことを知っている。だから、私が元気で楽しそうに友人と出かけるのを見て苛立っていたそうだ。病気なのに何故二人も受け入れたのか。疑問に思い聞いてみた。彼女もそう思ったが、彼がどうしても聞かなかったそうだ。彼は、戦争中はアメリカ兵として戦っていた。そのため敵国だった日本やドイツの生徒を受け入れるのが夢だったのだ。だから無理をしてでも二人を受け入れた。しかも、それは、交換留学の本来の目的だったのだ。

私は、それを聞いて、もっと話すべきだったと後悔した。言葉が通じなくても、お互いに諦めなければ、会話が成立したはずだ。しかし、その時には彼の病気が悪化し、すぐに私たちが引っ越さなければいけなかった。最後の日、私は「今までありがとうございました」と言った。彼は「どういたしまして」と言っただけだった。結局、最後まで話せなかった。

もし、彼の病気のこと、私たちの受け入れに対する思いを早く知っていたら、うまくいっていただろうか。それは今となってはわからない。帰国後、ホストマザーからの手紙に、彼が他人に会う度に、私たち二人の話を自慢げに、楽しそうに話しているということが書かれていた。それを聞いて、たとえうまくいかなくても、彼の家にホームステイできてよかった思った。彼にとっては、長年の夢をかなえるチャンスだったし、私にとっては、今まで付き合ったことのない彼のような人を知るよい経験になった。それだけでも、この半年は充実していたと思う。

題材を最初のホストファミリーにしぼり、すっかり印象の違う文になってしまった。ホストマザーとの話の内容（傍線部）は前回書かれていなかった。ホストファミリーを変えた理由も、自分の病気から、ホストファザーの病気のためへと変わったようだ（前の文と書き直しの文の□部分を比較されたし）。

「書き直し」で、なぜこれほどに大きな変化が起こるのだろうか。ここでは経験を見る視点の変化、視点の転換がおきているのだ。経験の「焦点」が変わったのである。誰もが、自分の経験の意味を十分に自覚しているわけではない。「根拠」を再考し、事実を見つめ直すことで、最初は書かれていなかった意味が、意識の表面に浮かび上がってくる。物事の見方に大きな変化が起こる。こうして、経験が本当の「経験」になってくるのではないだろうか。問題意識の芽が、大きく育っていくのではないか。

表現は、あくまでも書くことで事実に迫り、自分のテーマを自覚していく過程でしかない。そのためには「書き直し」が重要ではないだろうか。

これは、先の課題「焦点化」の先取りでもある。この作文は最初の段階では全体がきちんと書かれていなかったのだ。そして、それを具体的に書き直していく中で、経験の一部に「焦点」があてられたのだ。このように、具体的に全体を書くことで、新たな視点を発見し、新たな意味づけが可能になる。それが「焦点化」なのである。

なお、ここには、もう一つの重要なポイントがある。それは「取材・調査」の重要性である。

ホストマザーが明らかにした事実（傍線部）は、著者が必死になって行った取材・調査の成果ではないか。「根拠」を「具体的に書く」ためには「取材・調査」が必要になるのだ。「取材・調査」とは、現実に深く関わっていくために必要な作業であり、そうして初めて私たちは「事実」をつかむことができるのだ。

これは、「観念病」克服のための必須の作業でもある。

5 「経験」の「一般化」のために

論文ではないものの、意見文らしき文章を最初から書いてくる人もいる。そこには、後の論文や小論文指導で問題になることが、芽としてはっきり現れてくる。それを簡単に説明するために、先に取り上げた「吃音とわたし」で求めた書き直しの課題（八七ページ）を説明しておきたい。

「吃音とわたし」は力強い文章だが、大きな問題を抱えていた。前半の経験部分はすばらしいのだが、後半が問題なのだ。

「次第に、吃音について、インターネットで思いきって調べてみるようになった」で始まり、吃音者とされる有名人がたくさんいること、根本的な治療法はないこと、吃音研究の歴史などが続く。例えばこんな具合だ。

吃音は、特に体のどこかがおかしいのでなく、本人の思い込みによるところがあるため、違う言語だと吃らなくなることもあるらしい。極端に言えば、関東の標準語から関西に移り、関西弁を使うようになったら吃らなくなる人もいるのだ。他には、古くから、小さい頃に左利きを右利きに矯正する時のストレスで吃音になる、とか、どんぐりを食べると吃音になるとか言われているらしいが、私はどちらもあてはまらない。挙げ句の果てに、医学書によれば、吃音は男性にしか起こらないと書いているものもあるのだという。また、「どもりの歌上手」ということわざも初めて知った。大声でどなる時や、歌を歌うとき、皆で声を合わせて言う時に吃る人はほとんどいない。吃音者は普段はつっかえながら話すくせに、歌になるとスムーズだということが言いたいのであろう。

これらは、ネットで「吃音」を検索し引っかかってきた文章をベタベタ貼り付けただけで、前半の重さと対応していないのだ。調査もいいかげんだし、きちんと考えてもいない。「らしい」「らしい」のオンパレードだ。そして、最後は次のように終わる。

私はこれからも吃音者として、情報を集めつつ生きていくつもりであるが、吃音のことを皆にもっと知ってほしいのだ。あなたが、間違い電話だと思った、あの何も言わない電話主は、吃音者だったかもしれない。今、「どもり」という言葉は差別用語になっている。実際、吃音について詳しく知っている人は少ない。吃音者の私でさえ自分で調べるまでそうだったのだ。もし、あなたの前にこれから何か言おうとしてもがいている人がいたら、助け舟を出してあげてほしい。それと、吃音者の方も、吃音を隠さず公表していくべきだ。私は、ごく仲の良い友達に吃音者だということを説明したら、だいぶ楽になった。だから、これからは、吃音についてはポジティブに生きていきたい。他の人で、私の吃音のようなハンディを持っている人のことをもっと知りたい。

初めて吃音について書いただけの人が、「吃音者の方も、吃音を隠さず公表していくべきだ」といった偉そうなことを言う資格があるのだろうか。他人に「吃音のことを皆にもっと知ってほしいのだ」と言う前に、「自分自身がきちんと調べてきちんとした考えを持て」と批判した。前半の迫力とすばらしさには、圧倒されたが、この後半部のひどさはどうしたことだろうか。前半の苦しみの重さと全く対応していない。自分の切実な体験から生まれた「問い」を無視して、きれいにまとめようとする意識がうかがわれる。

体験から生まれた「問い」をしっかりと持ち、それを調べていけばよいのだが、それができない。例えば著者は吃音を「連発性」と「難発性」に分けており、当初「連発性」から始まり、

「連発性から難発性に変化していた」のが彼女の経験だった。そこから、両者の関係や、その変化の意味などを疑問に思わないのだろうか。それをなぜ調べてみないのだろうか。

このバラバラさは、吃音者である自分の「自己理解」と、一般的な吃音を調査した「対象理解」がつながらない、とも言える。実はここに、経験から一般化して小論文を書く時の難しさが見えているのだ。そして、これこそが、小論文指導で直面する最大の壁なのである。それは、この著者のような強い問題意識を持っている人でも克服できない壁なのだ。この問題の大きさを感じさせておくことが、秋以降の小論文指導で生きてくる。

それにしても、この「吃音とわたし」の著者や「学校と私」の著者には、切実な経験があった。しかし、そうした経験がない高校生がほとんどなのだ。そうした彼等はどうしたら良いのだろうか。次章ではそれを考えながら、進路指導とそのための調査について述べたい。

第三章　進路指導につながる表現指導

1　進路選択のための調査

前章では、表現指導の第一段階として生活経験を書く指導を説明した。その経験の中にある問題意識の芽を大きく育てるためには、調査を行い文章にまとめる必要がある。それが第二段階の調査活動だ。そしてそれが、実は「経験がない」人、「問題意識がない」高校生への救済策にもなるのだ。本章ではこの第二段階を説明したい。

ｌ　「経験がない」人はどうしたらよいのか

高校生の中には、過去に強烈な体験があり、明確な問題意識を持っている人もいる。しかし、現代の多くの高校生はそうではない。「問題意識って何〜」「何を書いたらいいのかわからな〜い」という人がほとんど。そんな場合は、書けるような「経験がない」ことになる。

いや、最初はそうは思っていないのが普通だ。仲間のすぐれた作文を読み合っているうちに、「自分の問題意識は弱いのではないか」「自分には書くだけの経験がないのではないか」と気づくようになるのだ。そうした自覚がまず大切である。

「ないなら作ろう」と私は高校生に語りかける。問題意識を育んだような経験がないと言うのなら、これから行動してそれを作ればいいではないか。

問題意識の芽がないなら、種をまいて芽を出すようにしよう。芽はあっても大きく育てられていないなら、肥料をやりながら樹に育てていこう。

それは具体的にはどうしたら良いのだろうか。大きくは二つある。

第一に、一つのことに打ち込むこと。

第二に、進路・進学を考えるために、現地での調査をすること。

第一の「一つのことに打ち込むこと」とは、学校の勉強でも、クラブでも、行事でも良い。学外のサークルやNPOやボランティアなどの活動や、個人的な創作、研究論文などでもかまわない。とにかく、関心を持てることに専念することだ。

しかし、今の高校生にはそれはなかなか難しいのが現状である。そこで、第二の課題が用意されるのだ。

指導のポイント⑬

「経験がない」「問題意識がない」への対策。

「ないなら作ろう」。問題意識の芽すらないなら、種をまいて芽を出すようにしよう。芽はあっても大きく育てられていないなら、肥料をやりながら樹に育てていこう。

すべての高校生にとって切実で、彼等が強い危機感を持っているのは進路・進学の問題である。ほとんどの高校生にとって、進路・進学の選択は、これまでの人生で最大の決断の時なのだ。それによって、人生の大きな方向が決まってしまう。この課題からどんなに逃げてみても、その結果が与える影響の大きさからは逃げられない。そのことを彼等だって分かっているのだ。その危機感が、問題意識を大きく育ててくれるのだ。

進路の決断を自信を持って行うには、自己への深い理解と、社会や職業や大学への理解が必要になる。つまり「自己理解」と「対象理解」である。

実は、自己理解ができていれば話は簡単なのである。もし、それまでの人生経験の中から、すでに自分のテーマ、問題意識が明確であれば、苦労はしない。それによって、進路・進学は自動的に決まるだろう。しかし、自分のテーマや問題意識を、それまでの人生を振り返る作業で明らかにできる高校生はそうはいない。そうした高校生は、「自分の物語」「自己理解の物語」を持っている。それは、自己理解ができているとも言えよう。「自分探し」（「自分づくり」と理解すべき）のアプローチである。

しかし、こうしたアプローチだけでは、なかなか自分のテーマ、問題意識を明確にはできないのが普通である。そこで、一旦は「自分探し」から離れて、「対象理解」を行うのだ。日本や世界のニュースに気をつけたり、本やインターネットで調査したり、「職業や大学」について調査する。それは、自分の外側の対象を理解することを通して、自分が何に関心を持てるのかを調査しているのだ。つまり、対象理解を媒介にして、自己理解をしていくわけである。

私は、進路・進学のための調査について、高三の五月に、次のようなプリントを配布して、説明する。そして、夏休みには、進路・進学に関係する調べ学習や聞き書きをさせるのだ。

(1) 根本の姿勢　受け身でなく主体的能動的に。
事実を調査するところから始まる。何もしないで待っていても、何も始まらない。調査とは現場（職場）に足をはこび、関係者に取材し、文献（本、新聞）にあたること。

(2) 進路
将来希望する職場を訪問し、関係者に取材し、文献（本、新聞）にあたること。

(3) 進学
学部、学科を考え、次に大学を考える。

大学の名前ではなく、その実体を調べる。

現場（大学）に足をはこび〔オープンキャンパス〕、関係者（教授、高校のOB）に取材し、文献（本、新聞）にあたること。

(4) (2)と(3)を直接的に、結びつけてはダメ。
(5) (2)と(3)について、親の経験をよく聞き、話し合ってみる。
(6) 目標の人物がいれば、その伝記や著書を読んでみる。(2)と(3)について、彼らが高校や大学時代に何を考え、何をしていたか。
(7) 毎日、新聞やテレビでニュースに触れる。切り抜きをしたら、自分の意見をノートにまとめる。関心のある分野、テーマがわかってきたら、それに関する本を数冊読んでみる。

「対象理解」の調査では、現実（他者）に深く働きかけ、その奥にある事柄をつかみ取るような経験をさせたい。そのために、職場や大学について調べるのだが、文献や本やホームページだけではダメである。必ず現地・現場に行き、そこで働いている人に直接取材することだ。そこに積極性、勇気が関わってくる。

すでに希望する職業がある場合には、職場での現地調査を行わせたい。そして、その職場で実際に働いている人へのインタビューを行わせるのだ。「それがどんな仕事か」だけではない。その仕事、職場にはどんな課題、問題があるのか。そこには、日本社会のどのような問題が現れているのか。そうした「課題・問題」にも眼を向けさせたい。それらは、将来自分の問題として担わなければならないことになるからだ。

大学調べも同じである。大学間の比較、研究者、研究の比較、授業内容、カリキュラム、そこで修得できる資格などの比較。できれば、海外の大学をも選択肢に入れて考えることだ。しかし、そうしたデータ上のことや、知識レベルの調査だけではダメだ。

実際に大学キャンパスを経験するにしても、お仕着せの「オープンキャンパス」ではつまらない。高校のOBでその大学の学生に取材したり、関心のある研究分野の研究室を訪問し、できれば教授と話してくることだ。その研究室のゼミを見学し、終わった後に仲間に入れてもらって話をしても良い。教授や大学院生にインタビューするのも良いだろう。その大学や研究室の課題、日本の大学の問題、その研究分野の課題は何だろうか。大学生は、研究や就職をどう考えているのだろうか。

それを聞き、また本で調べなおしながら、自分についての理解を深めていくのだ。自分の興味関心は何か。自分は本当に、その大学のその学部で学びたいのか。自分は就職をどうするのか。

繰り返すが、調査は本やインターネットのような間接的な調査だけではダメだ。必ず体や実感を通して現実にふれあえるような調査をさせたい。また、現場にいる個人の話を取材させたい。できれば「聞き書き」が良い。取材や「聞き書き」では、そこに対話が起こり、調査する側の「自己理解」が試されるからだ。

問題意識が弱い高校生には、それは問題意識をもらう機会になる。そのためには、職業や大学での「課題・問題」を調査すべきだ。「上手くいっていること」には問題は見出しにくい。「悩み」「不安」「疑問」の中にこそ、問題意識の芽がある。

実は、取材や「聞き書き」の手近で重要な相手は、前掲プリント(5)の両親なのだ。それは「親からの自立」のためにも重要だ。これは後述する。

なおプリントの(4)についてだが、高校生は、進路（将来希望する仕事）と進学とを、あまりに狭く直結させて考えやすい。福祉に興味があれば「福祉学部」、環境問題に関心があれば「環境○○学部」、世界で働きたければ「国際関係学部」といった具合だ。しかし、本来は、福祉や環境問題は、すべての学部で学ぶことができる。小説家や評論家には文学部以外に、法学部、経済学部、医学部などあらゆる学部出身者がいる。そのことを指摘して、大学は職業訓練校ではないことを考えさせたい。

(7)で新聞やテレビでニュースに触れるのは、それによって、自分に関心のある分野、テーマを理解していくためだ。

このように、「職業や大学」の調査（対象理解）は、自己理解のためなのである。この「自己理解」と「対象理解」の一体の関係、相互関係を、指導する教師は特にしっかりと意識していることが重要だ。そうでないと、高校生の中には「対象理解」にのめり込み、「自己理解」が疎かになってしまう者も出てくるからだ。一般に、これは調査・取材での重要な観点である。「課題研究」「総合学習」でも、この観点が重要だ。

Ⅲ　進路調査の作文

実は、前章で取り上げた「長いあいだの経験」の段階で、最も良く出てくるのは、この進路に関わる作文なのである。それを紹介しながら、この調査の意味を考えよう。

中学生のころの私は漠然と将来理系に進もうと考えていた。両親はともに賛成で、これからの世の中は女性も手に職を持つ時代だから、技術を身につけるのには理系の方がいい(1)だろうと思っていた。

しかし高一になり、ある友達と真剣に悩みを話し合うようになると、物を通してでなく、心と心が直接触れ合う仕事につきたい(2)と変わっていき、自然と文系にひかれていった。

高一の冬に進路選択があった。私は迷いながらもやはり文系にしようと決め、書類を提出した。ところがその日家に帰ると、両親の様子が違っていた。今まで理系と思っていたにもかかわらず、急に文系に変わってしまったのには驚き、本当に文系に行きたいのか問われた。私ははっきりと答えられなかった。その後私はいろいろな人の意見(3)も聞き、心は揺れた(4)。だがもうその時理系に

◈指導のポイント⑭
「職業や大学」の調査（対象理解）は自己理解のため。

対する魅力は消えていた。自分のやりたい仕事(5)は文系にあると気がついた。それで結局親の反対を押し切り(6)、文系に決めた。

今、自分の思いを突き進んできて、つらい時も確かにある。でも、本当にやりたいことのためなら頑張っていけると信じたいと思う。

高二の女子の一二月の時点での作品である。表現は拙いが、本人が真剣にこの問題に立ち向かっていることは伝わってくる。それが良く分かるのは対表現（傍線部2）が現れている点である。人が問題と格闘し、考え抜いたときには必ず「AでなくてBである」という表現形式になるし、AとBは明快な反対語（物と心）で表される。

ただし、なぜこの反対語で文系と理系が区別されるのか、その根拠（経験）が書かれていない。しかしそうした書き方は傍線部1ですでに現れている。全体をその調子で書くように指導する。

表現が拙いのは、具体的に書けていない（傍線部3から6）からである。中でも肝心なのは傍線部6である。ここでは、親との話し合いを書くのなら、①親と自分の考えがどの点でどのように対立したのか、②話し合いの過程で、自分の考えがどのように広がり、深められたのかを書かなければならない、と指導した。

彼女が二カ月かかって書き直したものが次の作品である。

（前略）中三の冬から高一にかけて、私は学校や教師に対する反抗心が強くなった。また内面を見つめる時間が増えてゆく中で、自分の生まれてきた意味が何なのか、自分の存在によって何かを変えることなど可能なのか、などを考えるようになった。しかし、その答えが結局、私には何の力もないという考えにしか行きつかなかったため、私は自分のことがたまらなく嫌いだった。そんなふうにものごとをマイナス思考でしかとらえられなかった私に、自信を持てるように変えてくれたのがある友人だった。彼女は私の意見を真っ向からねじ伏せ、自分の考えを押しつけようとするのではなく、私の意見を認めてくれたうえで、一緒に解決法を探してくれた(1)。今考えてみると、彼女が不幸のどん底状態を知っていたために、単なる同情ではなく同じ立場に立つて考えられたからかもしれない。

（中略）そんな彼女の悩みを初めて聞き、社会的にも精神的にも支えてあげられない自分の無力さに絶望し、一時は泣いてばかりで食事の量も半分になるほど状態が悪いときもあった。しかしそのうちに適切なアドバイスをするに到らなくとも、一生懸命耳を傾けて聞いてあげることならできる(2)と知り、次第に人の役に立つ仕事につきたいと思うようになった。そして今までなろうと考えていた薬剤師のように薬という物を通して人と付き合うのではなく、心と心が直接触れ合うカウンセラー(3)になりたいと思うようになっていった。

高一の冬に進路選択があった。私は彼女との付き合いからカウンセラーに憧れたため、心理を学びたいと思い、文系にしたいと両親に話した。しかし反対された。まずカウンセラーという職業は物を通してではなく、言葉という目には見えない道具④を使うために、相談した人の状態が改善されたかどうかをはっきりと判断できる基準がない。時には人の人生にかかわる大問題を抱えることになる。それに対してはどれだけ責任を持てるのか。

また日本では心理の分野がアメリカよりも約三〇年遅れていると言われている。カウンセリングに対する偏見も拭いきれていない。

そしてなによりも親が心配したのは適性ということだ。彼女との付き合いで食欲が減るまで悩んでしまった私の姿を知っていたため、仕事として他人の悩みを割り切れる人ならまだしも、一緒に抱え込んでしまう私には向いていないと思ったのだ。

私はカウンセリングに失敗して自殺させてしまった例を本で読んだり⑤、カウンセラーを実際目指している大学生との話⑥しから心理職が少なく、難しいことも確かに分かっていた。「職につきたいなら、北海道でも沖縄でも行く覚悟があるか」と言われるほどだそうだ。適性ということに関しても自分が向いているとは思わなかった。親の言い分はその通りだと思った。親にとっては不安定な職業よりは確実に近いレールを進んだ未来の方が安心もできるし、子供にわざわざ苦しい道を行かせるよりは楽な道を行かせてやりたいと思うのは当然だ⑦。

しかし私は楽な道を進みたいとは思わなかった。それはもしかしたら向いていると思って進んだ道が合わないと感じるかもしれないし、向いていないと思った道が向いてくるかもしれない。適性があったとしても、挑戦してみない限りは分からないものではないか⑧と思った。また日本の現状に対しては、社会に出ていない上に未知のことも多く不安は残っているが、ストレス社会といわれている今、心理の分野は発達していき、関心も高まるだろうと考えられるので、展望はあると思う。

理系を選択しておいて、いつでも文系に変更できるからと幅広く構えておくには安心感があると思ったが、同時に中途半端で保険をかけるような選択はしたくなかった。自分のやりたいことが決まっていながら悩むことはなかった。

深く考えたことは対表現の多さ（傍線部1から4）からもうかがわれる。文系選択の経緯も具体的に書かれている。本や大学生に取材したのも良いが、何よりも親との話し合いの過程が詳しく書き込まれている点がすばらしい。論点の一つ一つについて、親の根拠を確認し、その上で自分の根拠を探し、調査（傍線部5、6）もしている。親の自分への理解と愛情を受け止めようとしている（傍線部7）のは感動的である。

しかし彼女はそれでも自分の道を進もうとする。悩んだ中から生まれた言葉（傍線部8）は彼女自身のものになっている。最後が浮かないのはそれまでの過程が丁寧に書き込まれていればこそであろう。

彼女のように、将来希望する職場・大学関係者に取材し、本を読み、親とじっくり話し合ってみる。これは進路調査の模範である。特に、親との話し合いに注目したいのだ。進路決定は、その裏で親からの自立を意味するからだ。

2 「親からの自立」という課題

1 親からの自立

進路・進学問題では、必ず親と意見交換するように、私は高校生に勧め、また保護者にもお願いしている。進路・進学の選択の過程は、「親からの自立」の大きな一歩になるからであり、親との意見交換は、そのための必須の過程であるからだ。

子どもは、物の見方や考え方で、圧倒的な両親の影響下にある。しかも日本の場合は、親子一体・母子一体の強い「共依存関係」がそこに形成されている。その中から、自立へ向かって歩み出すための、大きな大きな一歩が、この進路・進学の選択になる。

今の高校生が自分自身のテーマを持てないでいる責任の、多くの部分は両親にある。高校生の多くが「自分の物語」「自己理解の物語」を持てずに、「親の作った物語」「親が理解している自己理解の物語」にしばられているのだ。

私は、自分の塾の保護者会で、毎年受験学年の保護者に次のプリントを配布して、以下のような話をしている。

(1) 高校三年生の課題
子どもの親離れ＝親からの自立＝親のではなく自分自身の夢・テーマを持って生きること。
(2) 親の課題
親の子離れ＝子どもを生き甲斐にすることを止め、自分の人生を生き始めること。

特に母親と子どもの関係が問題。母子一体の関係を断ち切る役割は、父親に求められる。
(3) 親子で進路・進学についての十分な意見交換をする。
親は、子どもに望むことを率直に伝えてよい。しかし、一番肝心なことは、親が自分自身の進路・進学の経験を語ることだ。
(4) 最終決定は本人に委ねる。

「進路・進学の決定」には、次のような大きな意味がある。

一つは、子どもの親離れ、親からの自立だ。親のではなく、自分自身の夢・テーマを持って生きるための大きな一歩になる。受験生にとっては、これが最大の課題になっている。

しかし、それを妨げているのが、両親（特に母親）であることが多い。親子一体・母子一体の「共依存関係」がそれを難しくしている。だから、親には「子離れ」することを強く求めたい。子どもを生き甲斐にすることを止め、自分の人生を生き始めることだ。すぐには難しいが、それが親の最大の課題になってくる。

本来は、母子一体の関係を断ち切る役割は、父親に求められる。「家庭」はどうしても社会に対して閉じてしまうものだが、それを壊し、社会の風を吹き入れる役割は、「他者」「社会」を代表する父親に求められるはずだ。ところが、その肝心の父親にその役割をはたさない人が多い。家庭のことや、子どもの教育を母親に委ねてしまっている。

両親が、進路・進学は「子どもの自由に」といって、何も言わないでいるのは、明らかに「逃げ」だ。「自由にしろ」といわれても、現代の子どもには、豊かな社会経験がないのだ。働くことも知らず、親が職場で働く姿を見たこともない。

選択には、具体的で豊かな情報が必要なのだが、それが与えられていない。それでどうやって選択できるのだろうか。個別の豊かな具体例がたくさん示されなければ、考えようもないのである。その情報を提供する責任は、まずは両親、特に父親にある。子どもにとっての一番身近な例とは、両親に他ならないからだ。

だから両親には、仕事を自分の言葉で語ってほしいのだ。高校時代に何を考えていたのか、どのように大学選びをしたのか。就職をどう考え、就職後、どのように仕事と家庭に向き合ってきたのか。今、職場で何が問題になっているのか。その職場から見える日本の問題とは何か。これらはすべての親が子供に語るべきことだと思う。

親も子どもも、互いに子どもの進路・進学について考えることを率直に述べ、互いの根拠を出し合い、冷静に意見交換をする。親は、正直に子どもに望むことを伝えれば良い。ただし、「建て前」はやめにしたい。自分の「本音」を、自分自身の経験に即して語ることだ。また、現代は激動の時代であり、両親の育った社会の価値観は通用しない。それを肌で感じているはずの父親こそが、それを語るべきなのだ。

親子で進路についての十分な話し合いができたならば、最終決定は本人に委ねるべきだ。その「選択」の責任は本人が引き受けるしかないからだ。

Ⅱ　父からの自立

では、親からの自立の過程を報告した作文を見てみよう。これも高二の女子が「長い間の経験」として書いてきたものだ。

私が父に言い返せなくなることはよくあることだ。ケンカの時、父は正論を投げかけてくる。そして最後は「悪いのは私です。改善します」と言い負かされてしまうことが多い。しかし、ある晩の夕食時に全く異なった感情のために何も言えなくなってしまった。ひょんな事で、私がバーテンダーと友達になりたいと話した。母は笑いながらソムリエならまだいいけど、と軽く拒絶した。すると隣にいた父が「ソムリエだって同じようなものだ」と言ったのだ。父はソムリエ、板前、芸者などの職業はバクチ系が多い、と続けた。その時、私は自分の耳を疑った。父がそんなことを言うとは思っていなかったからだ。父は大学で国際法を教え、私はそんな父を尊敬していた。父の言葉には言い返すべきことがたくさんあった、が、私はいつものような感情とは全く別の、情けなく、悲しく、苦しいといったさまざまな鉛のような感情に押しつぶされた(1)。結局、私は何も言えなくなり無言のまま夕食を後にした。父はなぜ急に私が黙ってしまったのか分かっていないだろう。きっと父は世間に出ているときは口が裂けてもあんなことは言わないと思う。しかし私たち家族の前では、つい本音が出てしまったのだろう(2)。そんな一言が私は今でも忘れられずに心に残った。

「固定観念」。私たちにとってこの感情は持ちたくないと思っていても自然と生まれてしまうものだ。客観的な見方で自分の考えは支配され、固定される。時には、自分が作り出したイメージが役に立つこともあるだろう。しかし、奥を深く知らずに作り出したイメージがどこまで通用するだろうか。時には人を傷つけ、困惑させることが少なくないだろう(3)。自分勝手なこの思考をなんとか変えていこうとしても、結局理想で終わってしまう(4)。こんな思考に埋もれた世の中で、ひとつひとつ奥深く知るのは無理なことかもしれない(5)。だが、ひとつでも多く知ろうとする姿勢が、理想に近づく第一歩なのではないか(6)。

「情緒病」が顕著である。前半の経験部分が一段落しかないし、感情についての大げさな表現（傍線部1、2）が多い。

こうした経験を根拠にした主張には説得力がない。根拠なしの発言が連発される（傍線部3、4、5、6）。これらの根拠は経験のどこにあるのか。なぜそう言えるのか。

また父親の人格に関わるような批判（傍線部2）は十分な根拠に基づいてのみ許されるのではないか。父にそうした発言の根拠を尋ねたり、調査してみるべきではないか。そうしたことをせず、こうした作文を書くことは「陰口」ではないだろうか。

この段階では「根拠なしの判断、推測は許さない」ぐらいの覚悟が、教師に必要である。


二月中旬、私にとって高二最後の大問題に直面した。(1) 父に、携帯電話を解約しろと言われたのだ。二月二〇日位に、解約したらどうだという父の言葉に「ムリ」と一言しか発せられなかった。しかし、一人自分の部屋にこもった途端、涙が出た。この問題については何がなんでも戦わなければいけない、と懸命に解決策を考え始めた。

それから毎日暇な時は、私はなぜ携帯を持っているのか、という原点に戻り、この問題につい

◈指導のポイント⑮
根拠なしの判断、推測は許さない。

て頭を働かせた。

二月二八日の朝、父が「今日の夜、携帯について話があるから早く帰ってこい」と声を低くして言った。その日はある種のパニックに陥った(2)。全部で一四人もの子に相談した。そして放課後、尊敬しているO先生に「なぜ皆、携帯を持つと思いますか」と質問した。先生は「三通りの人がいる」とおっしゃった。ひとつは外回りなどの仕事で本当に必要な人。二人目にはその持っている人をうらやましく思った人。三人目は、携帯を持つことによって安心感を得る人。私はこの三人目こそが、現在の女子高生ではないか、と思った。周りの皆が持っていると、持っていない場合自分一人が疎外されたように感じてしまい不安になる。輪の中に入ると安心感を得るのだ。

「もしこの三人目の人が何らかの理由で、携帯を持てなくなったら、どうなるのでしょうか」という質問にO先生は「今まで持っていなかったのだから前の状況にもどるだろう」とおっしゃったので、すでに前とは周りの状況が変わってしまっているから無理ではないかと尋ねた。すると先生は「そこでまた二通りの人が生まれる。ある人は、自分を正当化し、周りの状況を非難する。他方で、携帯でやっと安心感を得ることができた人は、元に戻れる場所がない。したがって人間不信に陥る人もいるだろう」とおっしゃった。一人目は私の周りにも何人か覚えがあった。きっと私も、彼女らと同じようになるのだろう。と思いながら帰宅した。

その日の父との話し合いは、私が普段から考えていることを、すべて(3)打ち明けることになった。考え方の違い(4)、父の基準の高さ、生活面など(5)思っていることをすべて(6)いった。携帯については、受験中は不安感が高まる時期だ、その時期にわざわざ不安を増長させるのは無意味である(7)、というような反論を述べた。しかし、父は私の立論は社会では全く通用しない(8)、と打ち砕いた。自分勝手なものばかり(9)だ、とすべて(10)を批判した。また話し合う機会をつくるから、客観的に納得できるものを持ってこいと言って話し合いは終わった。

第二の話し合いは土曜日の昼に行われた。前日、近所の尊敬している先生に相談し、勝ち目はない、とあきらめかけていたところを再び話し合いたい、と前向きに考えるようになるほど、力をもらった。

父や母を目の前にし、こんなに緊張したのは久しぶりだった。あくまでも冷静でいよう、と思っていたものの、今の時代はおかしい、と言われ、涙が出た。今の時代に生きているのだから、しようがないではないか、もっと今の世の中を見てほしい(11)、と訴えた。

最終的に、お互いが妥協し、両親と私を含む三人兼用の携帯を持ち、家にいる時は使わず、番号を教えていいのは一〇人以内、と制限された(12)。

周りの皆にはこの条件をよくのんだね、と驚かれる。確かにたくさんの不満はある。けれど私にしては、よく頑張ったと思う。今回の話し合いでは不満だけではなく、達成感があった。この機会に、私は自分の考えていることを思いきり両親にぶつけた。父の考え方との違いを話し合うこともできた。父や母も今回話し合えてよかった、と喜んだ。携帯を失うのは確かにつらいけれど、倍以上の成果があった、と感じることができる。

前回の指摘から三週間後に書き直した作品である。まだまだ感情的で大げさな表現が目立つし（傍線部1、2）、具体的に書かれていない箇所が多く（傍線部3から6、10）、根拠も十分には書き込まれていない（傍線部8、9）。しかし、前回と比較すれば大きく前進している。両親との二回の話し合い。その準備のために一四人の友人、二人の教師に相談している。こうした主体的な行動を高く評価したい。O先生の話が論理的に再現できているところに彼女の必死さが現れている。彼女の発言（傍線部7、11）には揺り動かされる。彼女の肉声になつているからである。そして問題の解決策（傍線部12）が具体的で良い。人が真剣に、現実的に考えるとき、いつでもそれは具体的だろう。

こうした力のこもった部分の積み重ねがあればこそ、最後が説得力を持ってくる。

ちなみに、私は「すべて」（傍線部3、6、10）という言葉を生徒に禁じている。丁寧な事実確認を妨げるからである。「まったく」も「いろいろ」も同様。

なお、ここでは「書き直し」がもはや単なる「直し」のレベルを超えていることが分かるだろう。それは新たな行動を促し、必死の調査活動と両親との話し合いでの対決に向かわせている。こうした新たな経験、新たな調査活動が、問題意識の芽を大きく育て始めているのだ。思春期を生きる彼らにとって、両親からの自立は大きなテーマである。彼らは依存と反抗の中から自立の契機を模索している。

以上のような、進路に関わる作文、親からの自立をテーマにした作文は、高校生の中からたくさん生まれてくる。それをクラスの仲間に示すことで、このテーマについて考え合い、調査活動をするエネルギーとしたい。

Ⅲ　調査から論文へ

ここで、こうした調査が、なぜ個別の経験を一般的な論文へと高めることになるのかを考えておこう。

この章の第一節で紹介した作品（一二七ページ）で説明しよう。そこには、両親からの自立の問題が背後にあるが、直接的には彼女の進路・進学が問題になっている。問いは「私の進路・進学はカウンセラーか薬剤師か、文系か理系か」である。

しかしそれを真剣に考えていくとき、それは日本におけるカウンセラーの社会的位置、時代の趨勢への洞察を含み込んだものとなっていく。

ここで問いが「私の進路・進学はカウンセラーか薬剤師か、文系か理系か」から「日本にお

❖指導のポイント⑯

「すべて」「まったく」「絶対」「全然」「完全」「決して」などは禁止。一〇〇パーセントはありえない。丁寧に事実を観察せよ。

「いろいろ」「さまざま」も禁止。具体的に例示せよ。

けるカウンセラーの社会的位置はどうか、将来はどのようになっていくか」へと移り、その問いの答えを出すべく全体をまとめればそれは「論文」である。

では本節で紹介した「携帯」をめぐる両親との話し合いを題材とした作品ではどうか。そこでは（父）親からの自立の問題が背後にあるものの、直接的には携帯が問題になっている。「携帯は是か非か」である。それも社会的な話ではなく、とりあえずは家庭内での問題である。

しかし著者は父親に言い負かされまいと真剣に調査をしている。それは携帯が若者に急激に普及した社会的・時代的な背景、その心理的分析にまで及び、それを取り上げられた場合の反応の類型化まで行っている。

ここで「私（の家庭で）は携帯をどう使用するか」といった問いを立て、調査と話し合いを踏まえて、その答え（解決策）が出された、といった形に書き改めることが可能である。それが「問い」を疑問文で立てることである。その際、全体が「問い」と「根拠」と「答え」の形に書き直される。ただし、これだけではまだ「論文」ではない。

問いを「携帯はなぜ若者に普及したのか」「それは何を意味しているのか」「若者はどのように携帯とつきあったらよいのか」と一般的なものにし、それに一般的に答えようとするとき、それは自覚的に「論文」を書くことになるだろう。

このように、具体的な個別の問題を真剣に考えるとき、必ずそれは一般的な普遍的考察になっていく。どのような一般論も始めから一般論として考えられたわけではない。各論・具体論を真剣に考えた結果、それが総論・一般論にもなるのである。逆ではない。

このように、「作文」の中にすでに「論文」が隠されていることを、まずわれわれ教師が自覚する必要がある。調査がいかに大切かを理解するためにも。

3 課題研究、総合学習や教科内でのレポート

調査に基づく文章を検討してきた。その中で、現在もっとも問題になっているのが課題研究や総合学習における表現であり、それに準ずるのが教科内でのレポートだろう。

そこで注意すべきことをまとめておこう。

第一に、調査は「資料・参考文献」だけでなく、できるだけ現地での調査、実験、当事者への取材、できれば「聞き書き」を行うことだ。「資料・参考文献」ではなく、現地調査によってこそ生徒は成長する。そのことは、実践されているすべての先生方が実感していることである。「体験学習」の重要性である。

第二に、そのまとめの表現が問題だ。レポートにしても、「論文」にしても、そこでの核心は、対象理解と自己理解の相互関係にある。学習の最終的な目的が生徒の問題意識の拡充になるならば、対象理解は常に自己理解と結びつけて考えるべきなのだ。自分とは何か、自分の研

究したいテーマは何か、自分の関心や問題意識はどのあたりにあるのか。そうした問いが、いつも意識されているべきなのだ。

そして、それが表現としても、はっきりと書かれるべきだ。例えば、レポートの形式だが、多くの場合、始めに①「調査の目的、動機」がおかれ、次に②「調査のナカミ」、おわりに③「調査の結論、まとめ」「調査から分かったこと」などが置かれているようだ。

こうした構成は、多くの生徒には、単に「はじめに」「本論」「おわりに」と捉えられたり、「問い」「考察」「答え」といった受け止め方をされているようだ。

そこに問題があるのではない。その中で、この「対象理解」と「自己理解」の関わり合いがどれだけ意識されているかが問題なのである。

私は、「問い」「考察」「答え」の三点セットは「対象理解」とくくり、その前に「問い」を生んだ自分の問題意識を書き、「答え」によって当初の問題意識がどれだけ深まったかを最後に書くという構成が良いと思う。この最初と最後は「自己理解」について書く課題である。要するに、次のような構成を提案したいのだ。

⑴　最初に「自己理解」。「問い」を生んだ自分の問題意識を書く。

⑵　次に「対象理解」。もちろんこれが中心になる。普通はこれをナカミと考えている。「問い」と「考察」と「答え」を書く。

⑶　最後に「自己理解」。「答え」によって当初の問題意識がどれだけ深まったかを書く。

課題研究や総合学習での現状では、⑵は当然ながらどの学校でも書かされている。⑴も比較的良く指導されている。ところが、⑶はほとんど指導されていない。しかしそれこそ肝心なのだ。「対象理解」は「自己理解」のためだからである。

4　「聞き書き」指導の実際

1　「聞き書き」の意味

高三までには、進路・進学に関係する調べ学習や聞き書きをさせておきたい。私は、高三の夏休みには、「小論文演習」の受講者全員に、進路・進学に関する聞き書きをさせている。

現在の高校生の問題意識が弱いことについては、これまでも繰り返し述べてきた。その対策として本章の第一節、第二節に述べたような指導をしている。しかし、効果が最も大きいのは聞き書きだ。その最大の意義は、相手から直々に問題意識をもらえることだと思う。

問題意識のない高校生にとって、これほどありがたいことがあろうか。もちろん、そのためには、インタビューをする相手を選ばなければならない。それは誰でも良いわけではない。その仕事をする上での「典型」「模範」と出会いたい。

もちろん、事前指導に十分な時間を割く必要があるし、参考作品もたくさん紹介しておく必要がある。私は「聞き書きの仕方」のプリントを配布し、事前の文献調査など、十分な準備をさせて臨ませた。

実は、聞き書きは、問題意識のない人が問題意識をもらえるだけではない。高校生レベルではどんなに問題意識が強くても、それだけでは進路・進学の選択には不十分だ。そうした人が、聞き書きでふさわしい人に出会うとき、それはすばらしい文章になる。問題意識が響き合うからだろう。

二　「聞き書き」の例①　企業戦士「親父」

高三の男子I君は経済学部に進学を予定していたが、大学で何を学びたいのかはひどく曖昧だった。また、家庭サービスを一切無視したような父親に強い反発を持っていたようだ。父は、長く都市銀行（現在は三菱東京UFJ銀行に統合されたが、その前の三和銀行）で営業マンとして働いてきた「企業戦士」だった。そこで、夏休みには是非、父親の生き方、その仕事に関する考えについて「聞き書き」をするように勧めた。彼は九月には聞き書きを提出したが、せっかくの良い話が一般論にとどまり、具体例が書き込まれていなかった。それを指摘すると、再度父への取材をして、まとめ直してきた。それが次の文章だ。全体で七〇〇〇字ほどの力作である。彼の問いの切実さが、具体的な父の姿を浮き彫りにしている。

ここで、父の仕事をやっていく上での信念を聞いてみた。

「俺が支店部（地域ごとにある支店を統括している部署）にいる時にY本部長っていう人がおってな。支店長会っていう春と秋に開かれる会でね、支店長がこう言ったんだよ。『皆さんgain and lossとprofitっていう言葉を知っていますか？　gain and lossっていうのはアメリカンフットボールみたいに陣地の取り合いですわな。取ったら向こうが減るし、取られたらこっちが減るし。だから利益は全然できない。ところがprofitというのはお客さんもこっちも利益を上げられる。』当時の三和銀行の経営理念ていうのはこれで、株主の為、お客さんの為、銀行員の為っていうのだったんだよ。それが今は収益一辺倒になっちゃったけど。それは置いといて、少なくともその人は利益を追求するんじゃなくてお客さんもこっちも儲かる政策を打ち出さないかん。それが銀行員に課せられた使命なんです、っていう人やったんやね。そこで俺なりにprofitって言うのを考えて、お客さんのためには自分が何をできるんやろう？　ってね。

そしたらその次、天間支店っていうところにいったんだよ。ほしたら、そこの支店長は収益一辺倒の人ですよ。三月、九月になったら収益をあげないかん（上半期と下半期の決算の月）。その為にお客のことは考えらんとにかく収益作ってこい、と。それで俺は、『そんなんできまへん』と。すると支店長に『何でやぁ？　お前責任者やっとるんやろ？』と言われて。『そんなのはgain and lossや。お客にもこっちにも利益になりませんわなぁ。だから私はできません。』ほしたらまぁ天間で三年半ほされて。で、そうこうしてる間に次長のOさんっていう知り合いがどーんと天間の支店長にやってきて、『お前サイロウ（父のあだ名）何してんやぁ？　三年半も？』で事情を話したら東京に飛ばされてやりたかった新規の営業できるようになったわけですよ。まぁ、だからその時支店長に従っとったら出世はしとったよ。だけど俺はお客さんのためになること幾らでもやって行きたかった」。

「profit」のために「天間で三年半ほされ」た父。だからこそ、それを「信念」と言ってよいのだろう。こんな話を聞けたからこそ、ラストでI君は次のように結論づけるのだ。

「経済が冷たいんじゃない、その中で盲目的に収益を出そうとする人が冷たいだけで、一番大事になってくることは自分の心の持ち様なんだ。自分がしっかりと、自分にとって、相手にとって、企業にとって何が利益の本質となるかを常に意識しているのなら、そこには決して妥協点ではなく、互いの最大の利益というものが見えてくるのだと思った」。

そして、父の姿も、すっかり変わって見えてくる。

「父は本当の企業戦士だ。ただ企業の歯車になって、自分を押し殺すどころか自分すらなく営々益々と生きるのではなく、自分の仕事に誇りをもち生きている父は、本物の企業戦士だ」。「本当の父親とはこうある人のことをいうのかもしれない」。

この結論部で、対の形（○○でなくて××）で明確な主張をしているところに注目してほしい。これはしっかりと考えた証拠であり、後の論文へと発展していく芽である。この聞き書きを終えたI君は、経済を学ぶ目的も固まり、秋からは人が変わったように勉強に打ち込んでいったように見えた。

企業の経営理念、実際の営業活動、そこで働く人間の対立、人間の信念。そうしたことを知ることで、彼は経済の生の姿を知った。そうした対象理解は、彼の進むべき道をはっきり示し、自己理解を大きく進めたのだ。彼の父は、父ではあるが、まずは「企業戦士」の典型として、模範として、彼の前に存在しているのだ。

Ⅲ 「聞き書き」の例② 看護師から学ぶ

高三女子Hさんは、一学期には看護師になりたいと書いてきた。その理由として癌で手術をした祖母が看護師から救われたと言っていることをあげていた。しかし、その具体的な様子を直接には聞いていなかった。そこで、夏休みには祖母に聞き書きをするように勧めた。また看護体験もしたようだ。九月にまとめてきた文章は、まだまだ具体性が弱かったので、その箇所を指摘して書き直しさせた。次の文章がそれである。

（前略）祖母の話の中でもう一つ印象深かったものがある。

「恥ずかしい話なんだけど。一度だけね、お腹を壊して、失敗してしまった時があるのよ。シーツを少し汚してしまってね。退院する少し前だったからね、自分で漂白剤を使って洗ったの。その後、看護師さんに謝ったわ。そしたらね、『何ですぐに言って下さらなかったんですか。何でも言って頂いていいんです。シーツはいくらでも持ってきますよ。私たちにできることなんですから』って、嫌な顔せず、真っすぐ私の目を見て言ってくれたわ。そんな看護師さんをとてもすごいと思ったし、あたたかかったわ。」

その話は私にとって重みのあるものだった。看護師という職業は深い。夏休みに看護体験をした。その際、二人ずつのグループに分かれて様々な科で体験をしたのだ。私はその時、初めて入院する患者さんへの説明や、検査の送り迎えに立ち会わせてもらった。その後、全員が集合して、その日の体験をディベートする時間が設けられた。

ある女の子は、汚物処理に立ち会わせてもらったのだと言う。その子は、「はっきり言って無理だった。やはり汚い・臭いと思うし、見てるのも辛い。けれどそれ以上に、そんな風に思ってしまう自分が嫌だった。」と悲痛そうな表情で言っていた。きっと私も同じ事を思ってしまうと容易に感じることができた。

その後、その子の発言に対し看護師さんは優しく丁寧に答えてくれた。「それが当然の反応なのよ。自分を責める必要はないし、逆にそう思わない人はいないと思うわ。私だって、十年位はずっとつらかった。それが嫌で看護師を辞めた人だっているわ。でもね、私たちがそういう感情を抱く以上に患者さんは辛いと思うの。すごく恥ずかしいし、できることなら見られたくないでしょ。今の私はね、患者さんが『あぁ、楽になった。気持ちいい。ありがとう』って言ってくれるだけで、本当によかったなぁって思うのよ」。（後略）

祖母に関わった看護師の言動がはっきりした。この「汚物処理」についての問題意識が、次の看護体験でしっかりと生かされる。「汚物処理」ができず苦しむ高校生を優しく受け止める看護師のすばらしさ。

こうした言葉を受け止めることで、Hさんの看護師になる決意は確かなものになったことだろう。Hさんは、この文章を少し整えて立派な志望理由書を書き上げた。今は、看護師を目指して大学で実習中だ。

Hさんも、祖母から聞かされて、看護師の仕事を知り、さらに看護体験でその理解を深めた。それによって、自分の進路がはっきりと定まったのだ。それを促した看護師は、まさに典型として、模範として働きかけていることが分かろう。

Ⅳ 「聞き書き」の例③ アニマルセラピーと社会福祉

高三のNさんはアニマルセラピー（動物介在福祉）に興味を持っていた。中学生の時に兄が癌でなくなり、沈みきってしまった家庭がペット（猫）を通して徐々に明るさを取り戻したからだ。高三の四月には、もちろんそのことを書いた。高二の「研究論文」でも猫をテーマにしている。この徹底性が彼女のすばらしさだろう。

しかし、それがすぐに進路につながるわけではない。その経験を広げ深めるためには、現場に行き、関係者に取材し、文献を調べなければならない。そうでなければ、進路という「社会的な」視点から自分を位置づけることはできないからだ。

そこで、彼女は高三の夏休みに「聞き書き」をした。日本動物福祉協会（Ⅰ）と老人ホーム「さくら苑」（Ⅱ）の二カ所を訪れ、それぞれで聞き書きをしてきた。前者は、老人ホームなどの施設に犬や猫を連れて訪問するボランティア活動を行っている団体で、それに対するさくら苑はその活動を受け入れている介護施設。この対象の選択にも熟慮がうかがわれる。共に、分量も凄い。Ⅰは九六〇〇字ほど。Ⅱは七二〇〇字ほど。

事前の準備は良く出来ていて、また相手から深い問題意識が感じられるコメントをたくさん引き出している。

例えば、Ⅰの「人から介護されるっていうのは、はじめは嬉しいんです。でもね、だんだん嫌になってくる。誰かから必要とされたくなってくるの。それで、犬でも、猫でも金魚でもいい。自分が誰かの役に立っているんだ、自分がいないとダメなんだ……って、思えることが、本当に大切なのよ。前向きになれるの」。これは「福祉」の根本に関わる認識が表されていると思う。

またⅡでも人間と犬と福祉の相互性が語られる。「動物も歳をとって、ボケてしまったとき……排泄がちゃんとできなくなったり、歩けなくなったり、白内障になったり……。そんな役目を果たしてくれた彼らに対して、今度は僕たちが最後までしっかり面倒を見てあげること、これが彼らに対するお返しであり、礼儀であると思うんだよね」。ここには長く真摯に福祉に関わった人だけが語ることができる真実があると思う。共に、感動的なコメントであり、こうしたコメントを引き出せたNさんの問題意識の強さが伺われる。

しかし、相手から問題意識をもらうという意味では、大きな課題があるように思う。

Ⅰのラストでは現在の受け入れ側の問題点が指摘されている。「(アニマルセラピーは)いくつか病院で実施していますけれど、やはり動物を病院内に入れる……というのは、日本ではまだ十分には受け入れられていません」。「今まで一〇年活動してきて、動物との事故は皆無で、人のアレルギー反応も一件も認められてない」にも関わらずそうなのだ。ここには、日本の施設の「閉鎖性」という大きな問題があることが推測できよう。しかし、Nさんは軽く流してしまった。この聞き書きを終えての結論は「知識豊富なアニマルセラピストが、これからの日本の医療現場で認められていく可能性は十分にある」だ。もし、ここで投げかけられた問題をきちんと受け止めようとしていれば、その一週間後のIIの聞き書きは大きく変わったであろう。

そこは「現在の日本で唯一、動物との共同生活を実現させている施設」だった。そうであれば「なぜ他の施設では動物との共同生活が実現できないのか」「なぜここでは、それができたのか」、といった質問項目を用意すべきだっただろう。ところがそうした質問はされなかったのだ。

もし、そうした意識があれば、「動物との共同生活の成果」についての次のようなコメントには目を輝かさなければならないはずだ。

「ひとつは、地域の犬好きの子供たちが遊びに来てくれるようになりました。みなさんとても喜んでいます。自分のお孫さんのように可愛がりますね。おかげで、内部の雰囲気が非常に明るくなりました」。まず子どもが入ってくることで施設の閉鎖性は壊され、地域に開かれていくのだろう。

ここには、問題意識をもらうことの難しさが良く現れている。聞き書きは、問題意識のない人、弱い人にとって、他人からその問題意識をもらうためのものだった。強く言えば、問題意識を奪い取るためのものだ。しかし、ここでは十分には成功していない。

では、どうしてそうなってしまうのだろうか。Nさんには強い問題意識があったはずだ。事実、素敵なコメントを引き出している。しかし、調査から浮かび上がってきた日本社会の問題を受け止めそこなっているのだ。Nさんのラストは、いかにも優等生的な「きれいごと」だ。ありきたりの「模範解答」だ。それほどに予定調和を求める力は強く、新たな問題に立ち向かうことは難しいのだろう。それほどに「問い」を立てることは困難なのだろう。ここにある課題の大きさを、教師はしっかりと受け止めなければならない。

以上のように、表現に現れた「矛盾」「問題」を見抜く力が教師には求められると思う。そして、それは大きくは、対象理解と自己理解の関係になるだろう。それを核心として押さえながら、一人一人の成長過程を丁寧に追っていきたいものだ。

5 「推薦入試」「AO入試の調査書」「志望理由書」の対策

1 志望理由書とは何か

すでに第二章に書いたように、「活動報告書」は四月に一度書いている。そして、秋になり、自分の経験について振り返り、進路・進学についての調査をしてきた高校生は、自信を持って、「活動報告書」を埋め、「志望理由書」を書けるはずである。

これまで指導してきたことのすべてが、その対策になっているのだ。第一段階の生活経験と第二段階の調査を総合したもの、調査の中の対象理解と自己理解を統合したもの。それが志望理由書である。したがって、私の生徒たちは、新たなことを始めるのではなく、これまでのまとめをするだけでよいのだ。

看護師志望のHさんは、大学の志望理由書に、先に紹介した「聞き書き」を、ほとんどそのままに、まとめたものを提出できた。

アニマルセラピーに興味を持っていたNさんも、そうである。しかし、そこでは大きな関門があった。そこには、志望理由書の難しさではなく、「問い」を立てることの難しさ。問題意識を持つことの難しさ。問題意識をもらうことの難しさが良く現れている。

Nさんは志望理由書を書く際に苦労した。次の文章はH大学現代福祉学部に提出したもの。

三　Nさんの志望理由書

志望理由

福祉という分野に関心を持ち始めたのは、五年前、兄の他界と共に沈みきってしまった家庭が、ペットを通して徐々に明るさを取り戻したことから、動物が人間の心のケアに大きく役立ち、そしてその力を福祉として活躍させる、動物介在福祉に興味を持ったことがきっかけだ。

そして今年の夏休み、動物介在福祉の詳細を知るために、日本動物福祉協会と老人ホーム「さくら苑」の二カ所に取材を行った。日本動物福祉協会は、老人ホームなどの施設に犬や猫を連れて訪問する、CAPP活動と呼ばれるボランティアを行っている団体で、対するさくら苑はその活動を受け入れ、さらに動物との共同生活を実現させている介護施設である。

両者の取材を通して得られたことは、動物介在福祉は人間の心のケアや、人と人とのコミュニケーションの媒介として役立つことが証明されてきているのにもかかわらず、実際にそれを受け入れている施設や病院の数は少ないのが現状だ、ということだった。

それではなぜ施設や病院は、その効果が認められていながらも動物の介入を拒むのだろうか。

私は老人ホームなどのいわゆる「介護施設」に対して、どこか地域から孤立したようなイメージを持っていた。それはつまり「介護施設」という言葉が、『守られるべき遠い存在』といった印象を私達に与えている、ということになる。そしてその印象を作り上げているのは、他でもない、施設なのである。例えば動物介在福祉にしても、施設内でのトラブルや衛生面などの心配を第一に考えるあまり、動物の介入を受け入れられない。動物との同居によって、地域の人々とのつながりが生まれたというさくら苑の意見を念頭に置くと、この保守的な体制は結果的に、地域との交流を絶ってしまっているようにも思える。つまり、施設利用者たちを外部から頑なに守ろうとする姿勢は、周囲の地域との関係をも絶ち、介護福祉を社会的に孤立させてしまう原因のひとつになっているといえるのではないだろうか？

しかし施設利用者たちが活き活きと生活するためには、地域の人々とコミュニケーションを取り合い、「施設」と「地域」の間の境目をなくすことが大切だと私は思う。したがって、施設と地域が互いに理解のある社会を築いていくことがこれからの福祉における課題だと思うのである。
私は、施設側の抱える問題について興味を持ったことをきっかけに、動物介在福祉に限らず、地域づくりや社会福祉に関しても詳しく知りたいと思うようになった。だから私は社会福祉、地域づくり、臨床心理の三つの分野を幅広く学ぶことの出来る、ここH大学の現代福祉学部を強く希望している。そして施設側の保守的な体制に関しても、これから大学で学んでいく上で、その答えを見つけていきたいと思っている。

この問い（傍線部）が立つまでに、私との六週間にわたる六回の個人指導があった。その意味、問いを立てることの大変さを、Nさん自身に語ってもらおう。

III　Nさんの「学びのストーリー」

受験体験談
（前略）私は、「動物介在福祉」と「人間の福祉」と完全に分けて考えてしまっていました。それが同じカテゴリーに入っているんだ、と気づいたのは、九月の中旬。夏休みに書いた聞き書きを読み返してみて、「癒されるのは人間」と、動物からの視点でしか見ていなかったアニマルセラピーの本質について気づきました。しかし、本当に大変だったのはココからでした。志望理由書を一から練り直さなければいけなくなってしまったのです。

私の第一原稿は、中井先生にボロッボロに言われてしまいました。でも中井先生は、「私が今まで書いてきた経験」こそが、本当の志望理由書になる、アニマルセラピーは福祉なんだ、と改めて教えてくれました。すごく悔しかったけど、家に帰ってもう一度書き直してみると、中井先生の言っていることはちっとも間違ってないことに気づきました。

「よし、これで書ける。」そう思ったのもつかの間、今度は動物介在福祉への興味を通して、どうして人間の福祉を学ぼうと思ったのか、これをうまく文章にすることができなくて、ここから五、六回にもわたる先生とのバトルが始まりました。（中略）

数々のヒントをもらって、ついに六回目。このとき、提出期限三日前でした。何度も何度も聞き書きを読み直して、ついに出来上がったのは、「動物介在福祉を受け入れている施設が少ないのは、何故か。施設が守りに入っているからだ。これからの施設のあり方も学んでいきたい」。という内容のものでした。ココまできてやっと、オッケーがでました。要するに、今までの私の原稿は視点がずれていただけでなく、「問い」がなかったのです。問いがないということは、問題意識がない。六回に渡る先生の添削のおかげで、私はそれをつかむことが出来ました。先生の「これで合格答案です。」という言葉は、今でも心に残っています。本当に嬉しかった。（後略）

本人のコメントがすべてを物語っている。Nさんは、「動物介在福祉」と「人間の福祉」のつながりが分からず、そのことを直視するのが恐かったのだ。それに立ち向かい、克服するのに、約一月半かかった。問題意識の強烈なNさんですらそうなのである。ここで「問い」が立つまでの苦労を思ってみてほしい。これが論文、小論文に取り組む際の最大の課題になっていく。

なお、この作文は、推薦入試合格後に一年の振り返りとして書いてもらったものだ。本人に、「小論文演習」の学習の中での自分の成長を振り返ってもらった。それは、教師である私が、その指導を振り返ることにもなる。こうした文章は私の授業を受けることになる後輩へのメッセージとして書いてもらっている。学習における自己理解の物語を、対象理解とは切り離して書くのだ。こうした文章を「学びのストーリー」として高校生に書かせているのは、千葉の県立高校で生物を教えている川北裕之氏だ。すばらしいネーミングと発想なので、私も使用させてもらっている。

第四章　「論文」を書く

1 「焦点化」と「一般化」

一 結んで開く

高校生は、「長いあいだの経験」を書くことでやっと経験の全体を見渡せるようになる。そして、はじめて経験の意味を落ち着いて考えられるようだ。経験に含まれている「意味」とは何か。それを自分の言葉で表現できたとき、その経験は、自分の本当の「経験」となる。

経験を書かせる段階で、早々に「問い」を立てさせる指導が一部で行われているようだが、賛成できない。問いがはっきりする段階は、ずっと先のものであり、漠然とした思いがはっきりしていくのは、経験の全体を丁寧に書いていく中からなのである。

経験の全体を書き上げた段階で、次のステップに進む。経験の中から考えてみたい箇所をはっきりさせ、経験を「焦点化」するのである。

「焦点化」とは何か。物語の「山」がそうであるように、経験にも山があり、登場人物の本質や事柄の核心が現れる。「焦点化」とは、経験文の中に山を探し、その山がはっきりと浮かび上がるように全体を整えることを言う。複数の山があるようなら、自分が一番問題にしたい事柄を選んで、そのただ一つの山が浮かび上がるようにする。それが「焦点化」である。経験の全体を見渡せるようになると、はじめて山の位置を考え、経験の意味を考えられるようになる。それは、その経験を見る視点を再考することであり、そこから新たな発見、思想が生まれてくるのだ。これは「問い」をたてる練習でもある。

この「焦点化」は、経験文から論文を導出する際に、どうしても必要な過程である。経験文は焦点化することではじめて、「一般化」も可能になってくるのだ。「結んで開く」。焦点化と一般化はセットで考えていかなければならないだろう。

ここでも、生徒には参考作品を示して具体的に検討してもらうべきだ。読者には第二章の4節の作文（一〇五ページ以降）を参照してほしい。焦点化が、全体を見渡した上で起こっていることにも注意させたい。いきなり焦点化することは難しいのだ。この例のように、焦点化は「長い間の経験」を書き直す際にも、無自覚的に行われていることである。しかし、一回は一斉授業の形で、意識的に取り組ませたい大きな課題である。

❖指導のポイント⑰

結んで開く

・「結ぶ」とは経験を「焦点化」すること。
・「開く」とは、「焦点化」したナカミを「一般化」すること。それが「論文」。

ＩＩ　経験の焦点化

経験に明確な「焦点」を設け、それを中心にして文章をまとめる。そのためには、次のようなことを考えなければならない。経験のどこが「山」なのか。事柄の核心や登場人物の本質が、どこに、どのように現れているのか。結局、自分はどこの箇所を問題にしたいのか。なぜ、そこが問題なのか。どのように問題なのか。

高校生には次の課題のプリントを配布して説明する。

「焦点化」の練習

(1)　経験の「山」はどこか。どこにハッとしたのか、心が大きく動いたのか。どこに気づきや驚きや発見があるのか。それを中心にした文章に書き直す。「山」と関係しない部分は削り、必要ならば不足部分を書き足す。これが経験の「焦点化」である。

(2)　「山」がたくさんある場合は、現在の自分にとって、一番大切な問題に関係する一、二カ所にしぼって、それを取り出して書く。

(3)　経験における驚きや発見のナカミをよく考えて、それだけを文章にする。「山」に現れた登場人物の本質や事柄の核心をまとめる。これは「意見文」になる。

高校生に、最初の長い文章の中から「気づきや驚きや発見」の箇所に印をつけさせ、課題の(1)と(2)に取り組ませる。これが経験の「焦点化」になる。一方(3)で「驚きや発見のナカミ」を別紙に書かせてみる。これは「焦点化」の意味を「意見文」として書くことになる。両者は切り離せない。そのナカミの妥当性について、本人と話し合いながら、問題にする箇所の再検討をしてもらったり、論点が多すぎる場合は、優先順位を付けて大切な論点を選択してもらうこともある。

さて、経験の「焦点化」だが、経験の「焦点」をはっきりさせ、それに直接関係する経験を取り出して書き、他はどうしても必要な部分を背景説明として残す以外は、省略する。逆に書き足さなければならない部分が出てくる場合もある。一遍に「核心部分」を取り出すのが難しい場合は、不要部分を刈り込んでしぼりこんでいくことも必要だ。八〇〇字ほどが一つの目途だが、小論文対策としては、最終的に四〇〇字ほどの文章にする。

この経験文の「焦点化」では、高校生は「要約」と勘違いして、ただ全体を縮小することが多い。「要約」とはすでに著者が焦点化を終え完成した文章を、その構成を再現しながらまとめるものだ。一方、「焦点化」する文章は、まだ未整理で、そこには素材が混在している。それを一つの中心点を取り出して整理するのが「焦点化」だ。構成も大きく変わるし、消える部分も、書き足される部分もある。

ただし、この両者の違いについては、試行錯誤の中から少しずつ理解してもらうしかないだろう。

Ⅲ　高校生の作品（焦点化）

では、実際の生徒作品で考えよう。以下は、「学校と私」（第二章の八九ページ以降）の著者が、「焦点化」の課題⑴と⑵に取り組み、長い経験文を「焦点化」したものだ。彼女には、まずは全体の半分ほどに短くし、さらに八〇〇字ほどに短縮してもらった。

中三の一月、受験直前期、私は高校に進学するか、しないかで迷っていた。

私は幼稚園からずっと、私立の一貫校に通っていた。しかし中二の秋、学校を辞めた。私はある生徒に告げ口をされ、学校側に処分された。友達、先生に対する不信感で、学校が嫌いになった。そして公立中学に転校した。

しかし、新しい学校でうまく付き合っていこうと思う自分と、むしろ人付き合いを避けようとする自分との葛藤で、なかなかスムーズには学校に通えなかった。公立中学の友達や先生は、そんな私を異端視する事もなく迎え入れてくれていた。そんな中で私は、人付き合いを避けようとか、そんなにこだわる事でもない、やれるだけやってみれば良い、と思えるようになっていった。次第に出席日数も増え、学校に馴染めるようになっていった。

私は学校が好きになった。しかし そう思えたのはこの公立中学だったからであって、どこの学校も、こんな学校ばかりではないだろうから、高校は私には無理だろう、と考えた。だから中学卒業後の進路は、高校以外で、私に合う場所を探してみよう、と思ったのだ。しかし、人付き合いを避けよう、というこだわりを捨てた時、うまくいくようになっていったのと同じ様に、高校は無理だから、と決め込むよりも、自分次第で、どうなるかは決まってくるのではないか、と考えた。

そして中三の一月、高校受験を決め、そして都立高校に入学した。良い高校生活にしよう。そのために私はまず、毎日学校に通う事を決めた。高一の一学期、なんとかそれを成し遂げたが、遅刻回数が六十回近くあった。そこで次に、遅刻をなくす、と決め、二学期以降、遅刻回数は二回程に減った。行事や授業への取り組みにも励めるようになってきた。そして気付いたら二年半無欠席、三年になってからは今のところ無遅刻だ。こんなに順調に学校生活が送れるとは思ってもみなかった。やはりやってみなければわからないものだ。

「学校と私」では、次のような内容が書かれていた。

①通学した私立中学のできごと、②転向した公立中学でのできごと、③高校進学の悩み、④大学進学の悩み。（ただし③と④の部分は省略した）

当初は①と②が中心だった。それは分量からいっても、内容の切迫度からいってもそうだった。そこでは、勉強することの意味から、教師や教育のあり方、友達との関係、校則と生徒指導の問題、私学と公立の比較、など、中学時代の悩みが、かなり感情的なままに書かれていた。しかし、その内容については、すでに本人が何度も繰り返し考えてきており、一応の答えも出ていた。そこで、いくつかの明確な対で表現されていたのである。

そして次第に焦点化されていったのは、③の高校進学の選択の問題だった。その当時の考え方を振り返り、その是非を考えようとしている。直接には書かれていないが、これは④の大学進学をどうするかへの答えを出そうとしているようだ。それがまさに、現在の悩みだからであろう。今の問題意識が、その焦点化を決めるのだ。これが「結んで開く」の「結ぶ」である。

次に、この「焦点化」の意味を一般化して考えれば「論文」になる。これが「結んで開く」の「開く」だ。

ここで、「一般化」の練習としては、①②にしぼって練習することも、意義のあることだと思う。私は、現在本人が本当に考えたいことに取り組んでもらいたいので、それはしなかった。

ここで理解しておきたいのは、③④に取り組むには、①と②を書くことを避けては通れないと言うことだ。①②を書き終えてみて、初めて、高校入学を前にした進学の悩みに移っていける。なぜなら、①②が根拠となって③の考えは出てきているからである。本人も半年後にこう叙述している。

「中学時代の私という背景をとばしては、今の私のどんな意見を書こうと説得力のある文にはなりませんでした」。最初の段階で「経験を、長く長く」「具体的」に書いた理由が、ここにあるのだ。

なお、表現の面では、対（傍線部）によって整理し、高校進学の問題を接続詞□の前後の論理展開で考えている。「私に合う場所を探す」考えと、「自分次第で、どうなるかは決まってくる」という対立する考え。それぞれを根拠付け、また両者の矛盾を考えようとしている。最終的には「自分次第で、どうなるかは決まってくる」との考えになっているようだ。高校三年間の「順調な学校生活」がラストの「やはりやってみなければわからないものだ」という判断を支えている。

「焦点化」された文章は、全体として、経験を論理的に整理し、行動した際の自分の考えなどを書いているが、ここで書かれているのは、あくまでも具体的で個別的な経験そのものであることに注意してほしい。この経験部分が、今後一般化した「論文」の根拠（＝事実）になるのだ。

さて、経験の「焦点化」の一方で「意見文」も書かれている。こちらが、経験の「一般化」として「論文」へと発展する芽になる。

Ⅳ　「驚きや発見のナカミ」を「意見文」に書く

経験の「焦点化」に並行して、「驚きや発見のナカミ」を「意見文」にまとめる。これが、経験の「一般化」になっていく。以下は「学校と私」の著者が「焦点化」の文章（一六四ページ）と並行して課題(3)に取り組んで書いた「意見文」である。

私は公立中学のような、自分の気に入った環境ではうまくやれても、私立中学のような、自分の気に入らない環境ではやっていけなかった。だから、私には学校という環境は合っていないのではないか、私の場所は、もっと他で探してみるべきではないか、と考えた。

しかし、環境がどうかということより、自分がどうするかが問題だ、と考えた。そして学校という環境を、自分に良いものにしようと決め、この二年半高校生活を送ってきた。

始めから学校という環境を自分に合っていないと決めつけ、避けてしまうのではなく、実際やってみた上でこそ次に、自分に合う場所を探してみる段階に来れると思う。そして、環境に対して、自分がいかに対応していくかだけでなく、もっと広い範囲から自分に合う場所を探し出そうとする事も、やはりやってみるべきことだと思う。高校卒業をひかえ、この先の進路を考える今、私の課題だ。

「焦点化」された文章を、対を多数出すことで、さらに整理している。そして「環境がどうかということより、自分がどうするかが問題」と問題を対でまとめ、両者の矛盾を「環境に対して、自分がいかに対応していくかだけでなく、もっと広い範囲から自分に合う場所を探し出そうとする事」と対でまとめた直した上で、始めと次の段階とをレベルの違いとして位置づけることで、その矛盾を解決しようとしている。「焦点化」部分が具体的な経験だったのに対して、これは「意見」だけをまとめたものになっている。この違いをはっきりさせ、「焦点化」部分と一般化部分のメリハリを出したい。

この「意見文」をもとにして、より一般的で論理的な文章にするのが次の課題になる。そのためには、「問い」を明示し、その「答え」が出てくる過程を書くことになる。

Ⅴ「一般化」

「意見文」をさらに一般化し、「論文」につなげるために、全体を「問い」「分析」「答え」にまとめ直し、表現を論理的にしていく。これは「問い」をたてる練習であり、これが一般化、「論文」への橋渡しになっていく。

一般化の練習

(1) 全体を「問い」と「分析」と「答え」の形にする。

(2) 最初に「問い」を明示する。必ず疑問文である。

(3) 次に「分析」部分を書くが、それは、驚きや発見のナカミを書くことに他ならない。
ただし、その内容を、論理的表現でまとめることが必要。つまり①対(AとBが対立)と

②言い換え（A＝B）と③媒介（BはAとCを結ぶ）の三つである。

また、文と文との間には「接続詞」を入れて、論理的なつながりを明示する。

(4)最後に「答え」を書く。これは、「分析」部分のまとめであり、「問い」に対応させる。しかし、無理に答えを出さなくてもよい。わかったことと、わからないことを整理し、それをまとめればよい。次の「問い」が立って終わってもよい。

字数は四〇〇字ほどで書いてもらう。全体が一目で見渡せ、無理なく書ける字数という理由である。

また、課題を意識させるために、分析部分の対、言い換え、媒介や使用した「本質語」には傍線をつけさせ、使用された接続詞を□で囲わせる。以下、本書でもそうした表記を入れて分かりやすく示す。

経験の「焦点化」の際に、すでに次のようなことを考えていた。経験のどこが「山」なのか、どこに登場人物のどのような本質が現れているのか。どこに、事柄の核心が現れているのか。

ここでは「問い」をたてる練習をしているのであるが、「問いをたてる」とはどういうことだろうか。それは、「経験のどこを、どの視点から問題にするのか」、つまり経験を見る視点と方向性を与えることだ。これが「焦点化」なのだが、それは大枠においては、経験の構造の中で客観的に決まっている。しかし、そのいくつかの可能性の中から何を選択するかは、当事者の問題意識が決めるのである。

結局、「何を問題にしたいのか、何をその答えとしたいのか」を考えるのだが、その時に、経験をどういった視点から見ていたのかが自覚されてくる。これは仮説を立てることになっているだろう。つまり、「焦点化」の中に、すでに「一般化」の芽があるのだ。それをはっきり意識化するだけなのだ。

この作業は多くの高校生にはムズカシイ。問題意識の強さ、深さが関係するからである。今回の「結んで開く」を繰り返しながら、学んでいくしかないだろう。

ここでは、「あせらず、ゆっくり」を心がけたい。個別の経験と一般化の間には大きな隔たりがあるからだ。全体を「問い」「分析」「答え」で整理することも難しいし、最初の段階では個人的な「問い」と「答え」にしかならず、「私」が主語になることが普通だ。また、「分析」の言葉も、生活語や「話し言葉」で書いてくる。そこからはじめて、次第に意識的に「一般化」を試みていく。主語は「人」「若者」などの普通名詞にし、「対」と「言い換え」(「つまり」「すなわち」「要するに」など)や「媒介」などを意識的に使用する。文と文との間にはすべて「接続詞」を入れて、前後の論理的関係を自覚する。言葉も、抽象度の高い「本質語」「概念語」「哲学用語」を、無理しながらも使ってみるのだ。

ここでは、実は普段からの読解の練習がものをいうのだが、それについては第六章に記した。

VI　高校生の作品（一般化）

先の「意見文」（二六八ページ）は良くまとまっていたが、「問い」「分析」「答え」の区別が弱く、問いでは「私」が主語になっている。これを改めて、より一般的な形で整理しようとしたのが以下である。

問い　人には、自分にあった環境、というものがあるのではないか。

分析　確かに環境は、個人によって、良い環境である可能性もあるが、悪い環境である可能性もあると思う。しかし実際にやってもみない前から、悪いかもしれない可能性を持つ環境を避け、自分に合った環境だけを選ぼうとするのは、良くないと思う。結局は、環境がどうかという事よりも、自分個人がどうするかが大事なのではないかと思う。つまり、環境を自分に良いものにしようと、実際にやってみることが必要だ。

答え　そうした上でこそ、次に、自分に合う環境を探してみる段階に来れると思う。一般的に与えられた環境に、いかに対応していくかだけでなく、もっと広い範囲から探してみれば、自分個人に合う、特殊な場所が、見つかるかもしれない。

ここでは、「問い」「分析」「答え」が明確に区別され、「問い」で「私」から一般的な「人」

に、主語に書き改めた（二重傍線部）。そして、「焦点化」部分での二段階を、与えられた環境で「実際にやってみる」段階と、「自分に合う環境を探してみる段階」に整理している。

また、確かにとしかしの譲歩の構文で、「良い環境である可能性もあるが、悪い環境である可能性もある」と捉えたり、つまりと一般的にの言い換えなどを使って、一般化を試みている。良く考えられただけではなく、「焦点化」の経験部分と一般化部分の文体の違いが明確になっている。「一般化」の最初の試みの段階としてはこれで十分だろう。

さて、最初の経験の「焦点化」部分（二六四ページ）とこの「一般化」部分をつなげたものが、私が考える「論文」の基本形なのである。次節では、この「論文」の形式について整理したい。

2 「論文」とは何か

1 作文と論文の違い

前節では、経験文の「焦点化」と、それを「一般化」する練習について述べた。この両者を繋いだ形が、私が指導する、最初の「論文」である。

ところで、作文と論文の違いについてはすでに多くのことが言われているようだ（例えば第一章三四ページ）。そして、それらはいずれも正しいが、違いだけを強調している点で一面的であると思う。両者の関係を発展的にとらえる必要があるのではないか。

経験文（作文）にもすでに「根拠→意見」の要素が含まれている。それを自覚的に取り出して、「根拠」と「意見」の部分に分け、この意見を「問い」と「答え」とそれを結ぶ「分析」で構成する。それが「論文」である。この「分析」部分は、「根拠→意見」の「→」の論理の展開であり、そこには「根拠」の吟味が入っている。

「問い」は作文の中にも芽としてあったものだが、それが明示される。つまり、疑問文に定式化され、一般的になっている。それは文章のレベルを、いつでも、どこでも、誰にでも通用する普遍的なレベルに高める装置だ。

II 一番最初に書く「論文」は、いかなるものであるべきか

「論文」の形式

(A) 問いと答えを明確に

(1) 問いを明確に立てる（問題意識を明示する）

① 問いは疑問文で書かれ、文中にはっきりと示される

② 問いは一般的になっている

個別的経験（作文）「私はなぜ……したのか」「私が……したのは正しかっただろうか」

普遍的論文「人はなぜ……するのだろうか」「人が……するのは正しいのだろうか」

(2) 答えは、問いにきちんと対応するようにして、最後に書く。

(B) 構成（受験まではこれに従う）

(1) 経験　四〇〇字

(2) 一般化　四〇〇字

① 問い　四〇〇〜六〇〇字

経験から生まれた問いで、必ず疑問文。

② 分析　三〇〇字

・「対」と「言い換え」と「媒介」を使用する。
対は三組くらい使用したい。

「対」と「言い換え」

$$\left[\begin{array}{l} A=A'=a=a'=a''\cdots \\ B=B'=b=b'=b''\cdots \end{array}\right.$$

「媒介」

$$A\nearrow B\searrow C$$

・文と文との間にはすべて「接続詞」を入れて、前後の論理的関係を自覚する。
・「本質語」を使用する。

③ 答え　二〇字〜四〇字
分析のまとめであり、問いの答えである。
「従って、………である」。

分析部分では、課題を意識させるために、「接続詞」は□で囲ませ、「対」と「言い換え」

と「媒介」、「本質語」には二重傍線を引かせる。そして、「対」は両者を線で繋ぐようにしている。

高校生に示す、「論文」の最初の形式をどのようにするかは大切な問題である。最初の構成は、最もシンプルでなければならない。また、作文から論文を導出するのだから、それに対応するものでなければならない。それは根拠→意見という二つの部分と、この順番で展開される形になろう。

この形式では、「経験」部分と「一般化」(意見)の部分が明確に区別され、前者が根拠とされて、「一般化」部分が導出されるのだ。つまり、前半と後半が対応しており、前半を一般化したものが後半なのである。

また、この二つの部分が区別されることで、作文と論文の区別に自覚的になり、そこで使用する言葉の違いにも自覚的になれる。また、両者は視覚的に対応関係が見やすいので、後半の難しい「本質語」や抽象的な表現が、前半の経験のどこに対応しているのかを考えやすくしているのだ。その対応とは、「根拠→意見」を保証するために重要である。

ここで、経験作文と一般的な論文の関係、つまり違いと、つながりを意識させていくことで、論文の世界を体感し、その後の自分の文章世界を広げていけるのである。

「経験」部分は最初は長めにするが、最終的には四〇〇字、「一般化」の部分も四〇〇字にする。八〇〇字の原稿用紙(上下それぞれ四〇〇字)を使用すると良い。「経験」部と「一般化」

部分が上段と下段に対応し、両者が視覚的に対比させれて検討がしやすいからだ。また、これは将来、八〇〇字の小論文を書くことをも視野に入れている（次章二三七ページ参照）。「一般化」部分を「問い」と「分析」と「答え」から構成するのも、分かりやすく単純化するためである。

論文は、多様な形式・構成が可能だが、最初の段階（入試まで）では、この型で、トレーニングする必要があると考える。型をしっかりと身につけることが必要だからである。

もちろん、これは最初のトレーニング段階での話で、「一般化」の部分の書き方になれてきたら、この枠組みから解放してやる必要もある。しかし、それは大学生になってからで遅くない。

その時にも、ここでの基本的枠組みの四要素、「経験」（根拠＝事実）と「問い」と「分析」と「答え」が、その順番を自由に変えるだけのことだ。この基本形から、その後のどのような高度で複雑な論文も展開できるのである。

この最初の論文の形式がいかに基本的かは、読解の際に有名なテキストに基づいて示しておきたい（これは第六章で例示する）。表現指導と読解は、常に一体でなければならないだろう。

3 「焦点化」と「問い」

I 「いじめ」を書く

経験文から論文への跳躍は、極めて困難なステップである。しかし、それは個別経験を一般化することよりも、前述したように経験を焦点化することの難しさなのである。しかし、このことはほとんど理解されていないようだ。

以下は高三男子の作文である。「いじめ」られた経験を題材に何回か書いた上でのものだ。

休み時間が終わって教室に帰ってくると、机の横に置いてあったはずのリュックサックが見当たらない。中二の一学期の間、そんな状態が続いていた。

当時私は、一部のサッカー部の生徒からいじめられていた。理由は正確には聞いていないが、彼らの発言から考えると私が太っていてうっとうしかったかららしい。いじめといってもまあ呼び出しを食ったり、集団で殴られたりということはなかったが、それでもサッカーで接触プレーをすると二、三発は殴られたし、一度古文のノートがいつのまにかベランダに放り出されていたこともあった。その前日が雨だったため字がにじんでしまい、かなり気が滅入ったことを覚えている。

ある日の昼休み、移動先から自分の教室に戻ってくると、またリュックサックがなくなっていた。隠されること自体はいつものことであったため、黒板の裏などに目星をつけて探したが、見つからなかった。もしやと思ってごみ箱の中も一応探しているうちに、ベランダに赤いリュックサックが落ちているのが見えた。屋外まで持ち出されたのはこの日が初めてだった。

X

翌日から、私は全財産を背中に背負って歩くようになった。持って歩けば隠しようがないという訳だ。最初のころは彼らに邪魔だとか止めろとか言われたが、ずっと無視して続けた結果、現在では「Aの本体は実はリュックで、人間の姿をしている方はマシンである」という話が定着するぐらいに学年の間で当たり前になってしまったので誰も何も言ってこない。

いじめは立ち向かわなくては解決できないという人がいる。事実、小学校のころからずっと私の母は、いじめられたら面とむかって言いかえせといつも言っていた。しかし当事者側にしてみればそれは難しい話だ。いじめをするような奴に歯向かうのは殴られそうだし、誰だって殴られて痛いのは嫌だ。それに、集団による無視など非暴力的ないじめの場合も、正面から問い正しても相手にされないこともある。

机に落書きされたら消せばいいし、部活の無視が耐えられないのであれば部を辞めればいい。陰口が嫌だというならウォークマンでも聞いていればいい。逃げは、解決には成り得ないだろうか。

X段落が圧倒的な迫力で迫ってくる。しかし、その後が言い訳っぽくなっているように思う。私は、この作文に対して、次のような指導語を書き込んで示している。「逃げ」と言っているが、はたして「『逃げ』と言って良いか。どこが、どう逃げなのか」、あるいはリュック人間になってしまったことに対して「これを『解決』として良いかどうか」、また、「両親や教師に相談したのか?」、あるいは「結局、自分の場合、『解決』したと思っているのかどうか?」。

この経験作文から、「問い」を立てて一般化したのが次の文章である。

経験

休み時間の終わった後教室に戻って来ると、机の横に置いてあったはずのリュックサックがない。中二の一学期の間そんな状態が続いていた。

当時私は一部のサッカー部員からいじめを受けていた。理由は私が太っていてうっとうしいからであるらしかった。

ある日の昼休み、移動先から帰ってくるとまたリュックがなくなっていた。隠されること自体は慣れていたため、すぐに探し始めたがリュックはベランダに置いてあった。

屋外に持ち出されたのは初めてだったということもあり、私は翌日から荷物をいつも持って歩くようになった。

リュックサックの紛失は確かに無くなったが、道を歩いているだけで邪魔だと言われたりする等彼達の態度は変わらなかった。しかし、私はその後はいじめられていると感じることは

経験

なく、相性の悪い同級生として彼達と接し、現在でもそうである。

一般化

問いなぜ私はいじめを感じなくなったのであろうか。人がいじめを感じるか否かの境界はどこにあるのだろうか。

分析

いじめにおいて被害者となるのは大抵一人であり、加害者側は多数である。被害者は、自分が一人であり、相手が多数不特定であるときは特に一人であるという恐怖により、個々の相手を客観的に相対化することができなくなってしまう。その上、被害者は個々の加害者の相対化が不可能であるがゆえに、加害者を個人の集まりとしてではなく、いじめ集団と認識せざるをえなくなる。そして被害者は、自身の主観によって構成されたいじめ集団によりいじめられているという感覚を植え付けられる。

答え

つまるところ、人がいじめを感じるかどうかの境界とはいじめの集団を個人の集まりとして客観的に受け取るか、いじめ集団そのものとして主観的に受け取るかの差にある。

論文の前半は、前作文のX段落を生かした方がよいだろう。しかし、前半最後（傍線部）の切り口は実にシャープである。そこでは明快な対を打ち出している。それができれば分析、一般化まではもう少しだ。いじめられつつも、リュックを背負ってから「いじめられている」という意識が消えていった。この違い、つまり「人がいじめを感じるか否かの境界」とは何を意味しているのだろうか。この問いは明確だ。

しかし、それが後半では十分に言葉として表現されていない。対は明快だが、その意味が良く理解できなかった。本人の説明では、「多数不特定」（「不特定多数」のことだろう）にいじめられている時、つまり相手が特定できないときは、不安感、恐怖におそわれるという。

それに対して、特定の相手にいじめられる場合は、相手が分かっていることで安心できるという。この違いを適切に表現できるようになることを次の課題とした。

二 なぜ「問い」が変わってしまったのか

さて、この経験文から論文への展開には、大きな問題がある。

最初の文のラストは「逃げは、解決には成り得ないだろうか」と結ばれている。普通ならば、論文ではこれが「問い」として立てられるはずである。ところがそうはならなかった。これをどう考えたらよいのだろうか。生徒の真意が私の指導でゆがめられた可能性もある。真意が引き出された可能性もある。どちらだろうか。

確かに最初の経験文では、前半と後半に分裂している。両者はほとんどつながらない。前半を本人は一応の「解決」と思っている（「誰も何も言ってこない」）のに対して、それでは解決にならない（「いじめは立ち向かわなくては解決できない」）というのが後半である。その矛盾・対立に対して、ラストが「逃げは、解決には成り得ないだろうか」と結んでいる。前半と後半に分裂していることからの必然的なものだ。私が厳しい指導語を書いたのは、その矛盾を自覚させたかったからだ。

どうしてこうなってしまったのだろうか。経験文の前半は本人の切実な問題意識に貫かれていると思う。しかし、後半はそうではないのではないか。親や世間の意見を意識して、それに追いつめられて何とか言い訳をしようとしていないか。「おまえのはごまかしであり、解決ではないぞ」。「いじめとは戦うべきなのだ」。

しかし、彼が本当に問題にしたいことは、前半にあるのではないか。そこにこそ、彼が自分のつらい経験から必死でつかんだものがあるからだ。したがって、彼は先ずその意味を自らに明らかにすれば良いだけなのだ。それを押さえつけようとしているのは親や世間（その中に教師が含まれることも多い）の声であり、彼自身の中で響くそれらの木霊だろう。

彼は論文では前半に焦点化し、そこから問いを立てた。それは正しかったろう。

そこでの「問い」は何か。「なぜ誰も何も言ってこなくなったのか」。否、本当はその前に、「自分が『いじめ』を感じなくなったのはなぜか」と問うべきだろう。否、そもそも「なぜリュックサックをいつも背中に背負うようになったのか」。「リュックを隠されたことが、なぜそれほどにショックだったのか」。「それ以前のいじめとどこが違うと感じたのか」等々。こうした諸々がそもそも問題になっているのではないか。

それが当人にとって必死の問題だったからだ。それが書き直しでの「問い」になっている。

まだその分析と回答の表現は曖昧ではあるが、彼の問う方向性は明確だ。この文章は、彼にとって大きな一歩ではないだろうか。経験を考えるとは、まずこういうことだろう。

三　二つの問題——大きな「問い」と「建て前」

ここには、大きくは二つの問題があると思う。一つは、「問い」を立てることの難しさであり、焦点化の難しさである。そして、もう一つは、世間の「建て前」が持つ大きな影響力である。それは、本来の「問い」を抑圧しかねない。

実は、この指導は今から五年ほど前のもので、当時は経験文から論文の導出は「焦点化」の段階を設けずに、いきなり「問い」を立てさせていた。そして、その結果こうした問題が見えてきたために、間に「焦点化」の段階を入れるようにしてきたのである。

私が高校生に、経験文からいきなり一般的な「問い」を立てさせようとしたことに、そもそもの無理があったと今では考えている。

彼等は、「一般化」を誤解している。それは経験を横に連ねて、共通部分から大きな「問い」を立てることだと思われているのだ。

しかし、問いが一般的で大きなものである場合は、答えも出来合いの安易な「模範解答」を用意するだけになりがちだ。面白い経験から、彼らが引き出す一般化の内容は、なんと陳腐で、ありきたりなことだろう。

その対策としては、一般的な問いを求める前に、私的で個別的な「小さい」問いを立てさせるべきではないか。それは小さいからこそシャープになる。

はじめは、経験のどこを問うのか。何を問うのか。その着眼点こそがポイントだ。発見、気づいたこと、ハッとしたこと。心が大きく動いたこと。そこに着目させる。

つまり、焦点化なのである。そもそも「問う」ということを学ぶ段階が必要なのだ。それが焦点化と問いの練習なのである。

これは、漠然とした長い間の経験の一点に深く穴をうがつことで、他へと広がる一般化が可能になる。その逆の、表面的なところで、くくってしまうのとは正反対なのだ。

第二の「建て前」との闘いは難しい。作文が「道徳」になってしまい、思考力や認識力の深化にならない。ましてや本人のテーマや問題意識を深めることにもつながらないのは、ここに問題があるからなのだ。

大人たちや世間一般の「建て前」や「正論」で、彼等に圧力をかけてはならないと思う。教師は本人の考えを尊重した上で、その考察の不十分さを指摘していけば良いだろう。この場合では、いじめられる側からの分析だけで、いじめる側の分析がないことだ。

それを再考することで、「なぜ誰も何も言ってこなくなったのか」を考えられるだろう。しかし、ここからは当人たちへの取材が必要になってくる段階だ。いじめをテーマにした本も読む必要があろう。

そうしたことを踏まえれば、いよいよ親や世間の考え方と対峙できよう。「おまえのはごまかしであり、解決ではないぞ」。「いじめとは戦うべきなのだ」。

これに応えられたなら、一般的に「いじめとは何か」「いじめはどうしたら解決できるのか」に進めるだろう。

しかし、この段階へ登ることを急がないようにしたい。小さなステップを積み重ねていく必要があるだろう。そうすればその中から一般化、抽象化の意味を体感し、多様な視点を獲得していけるのではないか。

◈指導のポイント⑱

・「大きな問い」ではなく「小さな問い」を。私的で個別的な「問い」を大切にせよ。

・「作文・論文」は「道徳」ではない。「建て前」「正論」「説教」は不要。根拠・事実に基づいて、論理的に述べるだけ。

4 「論文」のどこをどうチェックするのか

1 経験部とその一般化の対応

生徒が提出してきた論文。そのどこをどうチェックし、書き直しをさせたら良いのか。次にそれを考えよう。

高校生の成長を考えるならば、論文の中にある矛盾を見抜き、指摘することが指導の核心である。その矛盾も、論理的なレベルではなく、経験部とその一般化の間の矛盾こそが重要なのだ。それによって、彼等は自分の経験の意味を再考し、場合によっては「焦点」を変えることも必要になる。

幸い、私たちの形式では、経験部（根拠）と一般化部分が原稿用紙の上と下に対応するので、それが比較しやすい。高校生には自分の「論文」の「上下の対応」がきちんとしているかどうかを確認させる。根拠と意見が対応しない場合が多いのだ。

多くの高校生は、根拠なしに、または根拠を深く考えずに、「大きな言葉」や「道徳」「正論」をまき散らし、好き勝手なことを言う。それを厳しくとがめなければならないだろう。根拠の意味を深く考えさせたいからだ。それが「観念病」対策なのだ。

大きな問いではなく、小さな問いを出させることも、これに関係する。自分の経験を根拠にして言える範囲はどこまでか。それを意識させたい。

こうした方法を、一つの論文がどのように書き直されていったかを見ながら説明しよう。私の塾では高三生対象に、夏休みに五日間の「小論文」の講習を行う。そこでは連日この過程をトレーニングする。以下はその参加者（女子）のものだ。

＝ 論文の一回目　社会の中で生きる

経験

私には中学入学直後親しくなったAという友人がいた。一緒に登下校するうちに、Aが明らかに分かる嘘をついたり、人の話を聞かない人だと知った。直接注意したが改善の傾向すら見えず、友人として付き合うことに耐えられなくなった。(1) 中学三年の終わりごろから私はAを避けるようになった。

高校一年で初めて同じクラスになり、互いに話かけず気まずい状態が続く中、学校の旅行で偶然同じ班になった。旅行中もAを避けていると、Aは「別の人たちと行動する」と言って班を離れた。他の班員はどうするべきなのか分からず困っていた。私は一方的にAの存在を無視し傷つけたこと、班全体に迷惑をかけたことを反省し、学校でAに「今までひどい態度を取ってごめんなさい」と謝った。(2) するとAは、「もういいよ。私も悪かったと思う」と言った。(3)

この経験以降、私は嫌いだから(4)と言って他人を傷つけたり、無理に自分を相手に合わせるの

経験

ではなく、自分と相手を含めた状況⑤を考えた上で友人関係をつくるようになった。つまり、自分とは性格が合わないと感じる人を一方的に拒絶するのではなく、冷静な気持ちで一定の距離をおいて⑥付き合うようになった。

一般化

問い

人が社会の中で生きていくとはどういうことなのだろうか。⑦

分析

社会は個人同士がかかわることで成立する以上、対立が生ずる。しかし、各個人が好き嫌いという感情だけで⑧自己中心的に物事を判断し、都合の悪いことを排除するならば、集団を形成することはできない。自己と他者を客観的に見つめ、一定のルールの中で互いに譲歩する部分としない部分を調整しながら、自己を周囲に適応させて行動する⑨ことによって集団が成立するのだ。(以下略)

題材は良い。しかし問題の根本的な捉え方に課題がないだろうか。この経験は好き嫌い(傍線4、8)で人を傷つけた経験だろうか。十分な根拠(傍線1)に基づいて人を判断し、「絶交」を決めたのなら責められる筋合いなどないのではないか。それを本人に伝えたか、その伝え方が適切だったかが、問題になるぐらいだろう(もし高校生段階で「誰とでも仲良くすべし」といった生活指導をしていたらその学校や教師はおかしい)。

著者はなぜ謝ったのだろうか。前半のAへの批判(傍線1)が嘘で、実際はただの好き嫌い(傍線4、8)のレベルだったのか、後半(傍線2)では無理して形だけ謝ったのか。いずれかに、または両方に嘘があるのではないか。

Aの発言（傍線3）はよく聞く台詞だが、私はいつも嘘臭く思う。著者はこの言葉を信用したのだろうか。どういうつもりでこの台詞を書いたのだろうか。

問い（傍線7）は漠然としており、大きすぎる。答え（傍線5、6、9）も抽象的なものにとどまっている。「一定のルール」とは、どんなルールなのか。こうした原因は、形だけを整えようと無理して書いているからではないのか。

III　論文の二回目　集団から孤立することの不安

経験

中学入学直後親しくなったAは嘘をついたり人の話を聞かない人だった。直接注意したがAの態度が変化せず、我慢できなくなり中学三年の終わりごろからAを避け始めた。

高校一年の時私はクラス内である集団に属した。その中にAもおり、気まずい状態が続いた。学校の旅行ではAと同じ班になった。私はAとの共同生活に耐えられなくなり他の班員にAの欠点を言った。Aはそれを聞いていた。班員もAを避け始めたため、Aが孤立した。班員はつられてAを避けたことを後悔し学校でAに謝った。今度は私が孤立した。Aの欠点は事実であるのに謝らなければ居場所としての集団から孤立しそうな不安に二日悩んだ（1）末、私も皆に合わせて「今までひどい態度を取ってごめんなさい」と謝った。Aは「もういいよ、私も悪かったと思う」（2）と言ったが、結局集団から離れ、性格は今も変わっていない。（3）一方私は集団に属し続けた[4]。

経験

高校二年の時私はクラスを超えた大人数の集団に属した。自分とは波長が合わないと違和感を感じつつも、どこへ行くにも何をするにも一緒になるように努力した。この集団のほぼ全員が校則違反で学校から注意を受けたことがあった。その時、友人の一人が記念に写真をとろうと言い出した。私はこのようなことで連帯感を強める集団に腹が立ち、その集団にしがみついていた自分を情けなく思った。そして他人に無理に合わせることをやめた。集団に流されるのではなく、以前のように誘われても断るようになり、気持ちがずっと楽になった。

一般化

問い　人が集団に属し、同じことをしていないと不安になるのはなぜか。

分析　同じことをすることによって人は自己の位置づけをし、不安から逃れようとする。**しかし**、自己を確立していれば、集団の中にいてもそれに流されることはない。

答え　**つまり**、人が不安になるのは、自己が確立していないからなのである。

翌日書き直してきたもの。なぜ心にもなくAに謝ったのかを見つめ直した。その結果「集団から孤立しそうな不安に二日悩んだ」（傍線1）自分の姿が見えてきた。そのためにもう一つの経験が思い出された。なぜなら中心的なテーマは人の「好き嫌い」ではなく、「集団からの孤立と不安」へと移ったからである。問いは、そのテーマを問うものに変わっている。「焦点」が変わったのだ。

前回指摘されたことを踏まえ、結果をきちんと見つめている。Aの言葉（傍線2）とその実態（傍線3）。自分の実態（傍線4）。このように「結果」（自他の低さ）を直視し、それを表現することが真の反省の始まりである。

経験が高一の時と高二の時の二つになってしまったが、そこで再度「焦点」はどちらなのかを考えさせる。それがよりテーマを深め、はっきりさせる。前半はきっかけ、問題の芽生えとしては意味があるが、追加された後半こそが重要なのではないか。それが問題との対決と解決の過程だからである。テーマは「集団から孤立することの不安」というよりは、さらに一歩進めた「集団からの自立」になるのではないか。

Ⅳ　論文の三回目　集団からの自立

経験

高校二年の時、私は大人数の集団の一員だった。皆進路は文系、趣味も同じでどこへ行くにも何をするにも一緒だった。私は波長が合わないと違和感を持つと同時に集団からの孤立を恐れ、できる限り会話に参加した。集団全体が校則違反で注意された時、中心的存在のWが「こうなったのは仕方がないからお互いに責める必要はない」と言った。事件の原因となった人を非難したかったが、集団の中で端役だった私はこれに従った。さらにWは「記念に写真を撮ろう」と言った。しかし集団の和を乱さぬように対立を未然に防ぎ、校則違反で一体感を強め、しかも写真を撮って今後も集団として対立なく行動することを確認し合うような集団に腹が立

経験

った。そして集団にしがみつく手段として皆と一緒に校則違反をした自分を情けなく思った。私は写真撮影に参加しなかった。集団に流され無理に自分を合わせる必要はないと思い、集団から離れた。すると以前より気持ちが楽になった。

一般化

問い

人が集団から自立するにはどうすればよいのか。

分析

人は孤独を恐れて集団に属する。そして集団の中で自己を位置づける。つまり、集団から孤立することは、自己の存在意義を失うことである。したがって、存在意義を失うことへの不安から、集団を維持しそれに属し続けるため自己と集団を同一化する。その結果集団全体の連帯感が強まる。そして集団に依存する。しかし、自己と他者には相違がある。その相違を自覚して自己を客観的に見たとき、集団の中ではなく、自分自身の中に自己の存在意義を確認することができる。つまり、自己を確立するのだ。

答え

したがって、集団からの自立は自己確立によって可能になるのである。

著者が二日後に書き直したもの。分析部分の一つ一つの言葉（二重傍線）が経験部分に対応していることが分かるだろう。このように「分析」とは経験部の分析なのである。経験が論の根拠になっているとはこういう意味である。しかし観念病の文章は経験部と分析が対応せず、説得力が生まれない。

本人のコメント。「初日に先生に『ごまかしている』と指摘されたことがきっかけとなって自分の経験を深く考えることができた」。

この三作品の推移は確かに、著者の問題意識の深まりと関係しているだろう。著者の問題意識の強さと、この問題に立ち向かってきたことがそれを支えていよう。

5 調査から「論文」へ

― 調べた作文や「聞き書き」から「論文」へ

これまで取り上げた例は、すべて個人的な経験を題材にしたものである。これら直接経験に対して、調査した事実（間接経験）を元にした論文の練習も必要である。

入試「小論文」の問題は、ナカミのないことだった。今の多くの高校生の問題意識が弱く、どうしても語りたいといった強い意欲を持っていない。その対策は、ナカミを作ること以外にはない。

私たちの指導では、ここまでの段階で、すべての高校生が少なくとも二つのネタを持っているのだ。一つは、生活経験に根ざした題材。一つは、そこから始まり、進路に関する調査活動や聞き書きを通じて得た題材だ。この二つを武器にして、最後の「小論文」に取り組めるようにしたいのだ。

ただし、ここで「経験」の概念を拡張する必要がある。これまで求めてきた個人的「生活経験」を「直接経験」と捉え直し、調べた事実を「間接経験」として捉えさせるのである。後者を「経験」でないとしてはいけない。後者も媒介を経た経験である。ただし他者やメディアという媒介を経ているから「間接的な」経験なのである。

これまで主に扱ってきた「生活経験」と調べた事実とを、「直接」「間接」として区別させる一方で、同じ「経験」として関連づけておくことが必要である。そしてこの段階では、前半の経験部分とは、結局のところ「根拠」であり、「事実」であるとまとめられる。

三　間接経験をどう書くか

さて、調査したレポート、聞き書きを「論文」にするには、経験の「焦点化」のかわりに、調査した事実を「焦点化」するのだが、過程は全く同じである。

例えば、前章で取り上げたNさんの「志望理由書」は、すでに論文である。そこでの難しさは、問いを立てることだった。これは、焦点化の難しさでもある。

間接経験を根拠とした論文に取り組むためには、さらに次のことを求めたい。

(1)「焦点化」とは対象の中の問題（対立・矛盾）を書くことになる。それを発見するのは、自分自身である。そして、この問題を詳しく書く。これが論の中核になる。事柄自体に存在する矛盾を書くか、その事柄をめぐる論争（そこに対立がある）を書くか。いずれかでよい。

(2)問題が主張の根拠になるのだから、根拠として十分なものを示さなければならない。根拠は事実として確認されたものでなければならない。ただの推測では根拠にならない。その意味で、取材先の意見や統計数値を示すことは有効である。

(1)で「対立」「矛盾」を書くことは、自らの問題意識を書くことに他ならない。これまで書いてきた「直接経験」でも、「焦点化」で山を考え、対立や葛藤を書いてきたことがそれに当たる。この段階では、それらが問題意識を表現することだったと気づかせていきたい。

また一般化に当たっては、「根拠」の吟味をより強く意識させたい。一つだけの根拠よりは多数の根拠。賛否の分かれる場合は一方の根拠だけでは一面的であるから、両方の根拠を調べることが必要になる。また大きな言葉（科学、国家、民族など）は、その定義をきちんと調べさせることも重要である。言葉の定義の曖昧さが、いかに論争を混乱させるか、その実例も示しておきたい。
「根拠」の吟味をしていけば、「答え」の吟味をすることになる。与えられた根拠から、責任を持って言える範囲はどこまでか。それを考えることが重要だ。大きなテーマでは無理して答えを出さなくても良いのだ。むしろ、問い（問題意識）の提出にとどめることが誠実だろう。その答えは大学での研究活動の結果である「卒論」に委ねればよい。大学の教官が求めているのは、明確な問題意識を持った学生であって、答えを持ち合わせている学生ではないはずだ。

この段階では、「直接経験」の根拠としての妥当性とそこから導かれる「答え」の再検討が必要にもなる。これまで書いてきたような、たった一回の個人的な経験が、なぜ一般的な論の根拠として十分なもの足りうるのか。その体験の「切実さ」が、深さと広がりを保証するからである。すべての人と社会が外と内に「葛藤と対立」を抱えていることが、それを可能にしている。

しかし、個々の経験が根拠としてどの程度のものかは冷静に考え直してみなければならない。その答えもまた。こうした反省の段階がなければ、経験作文と「論文」の円環が完成しない。

第五章　「小論文」を書く

1　「論文」から「小論文」へ

ー　「小論文」指導の全体像

本章ではいよいよ、大学入試の「小論文」の指導を説明する。私が「小論文」の指導を始めるのは、高三の一〇月頃である。私の指導する高校三年生は、夏までには直接経験と、「聞き書き」などの間接経験で、それぞれ一つずつはネタを用意することになる。

秋からは、その二つのネタを元にして「焦点化」と「一般化」の練習をし、「論文」を書く。そしてその二つのネタから、今度は「テキスト（図表を含む）を媒介とする論文」を書いてみるのだ。ここでは実際の入試問題も使用する。

それと並行して、実際の入試問題演習を開始する。演習は大学入試で出題される主な形式と、主要分野を代表するようなテキストで行いたい。ただしテーマやテキストは、できるだけ高校生にとって意義のあるものを選択したい。

読解練習は表現指導と並行して行ってきていたのだが、「小論文」演習に入る前までに第六章の読解指導を一応終えていなければならない。特に、「似たもの探し」が重要だ。

世間では、出題の形式別、テーマ別、分野別に、どういった題材を使用し、どのような展開で書かせるかを示すマニュアルがあるようだ。

私は、そうした指導は行っていない。そして、どのようなテキストが出ても、基本的には夏までに用意した直接経験と間接経験を題材にすれば良いと、指導している。

もちろんそれには条件がある。そのネタが長期にわたって調査し、考え抜いてきたような題材でなければならないということである。もしその中で豊かな問題意識が育っていれば、そこからは多面的な問題と視点を用意することが可能である。後は、テキストによって求められる視点から「焦点化」していけばよいだけなのだ。

だから、私の生徒たちは、自分が鍛え抜いてきた題材で、それぞれのテキストを考えていくことになる。それぞれのテキストで、違う視点から、同じ題材を分析していくのだ。

以下、この指導の順番にそって説明したい。

◈指導のポイント⑲

直接経験一つ、間接経験一つあれば、とりあえずどのような「小論文」にも対応できる。

Ⅱ　「テキストを媒介とする論文」の位置付け

前章で「論文」の基本的な形を学習したが、ここで学ぶのは、その発展した形であり、「テキストを媒介とする論文」である。

私たちは第一段階として生活経験を書き、第二段階として調査活動を行いその結果をまとめてきた。調査とは、生活経験から始まった問題意識を、より深くより広く考えていくために必須の過程であった。それを、テキストや文献、統計資料などで、さらに広範囲に行うのがテキストに基づく論文である。それは、第一段階と第二段階の総合であり、「自己理解」中心の第一段階と、「対象理解」中心の第二段階を総合する段階とも言える。

さて、前章で取り上げた原初的な「論文」形式と、「テキストを媒介とする論文」の関係を考えてみよう。

私の指導では、両者に本質的な違いはない。ともに経験から始まり、その一般化を行うだけである。違いは一般化の際の「媒介」にある。つまり、「媒介」としてテキストを使用するかどうかだけが違うのだ。つまり、(A)のようになっている。

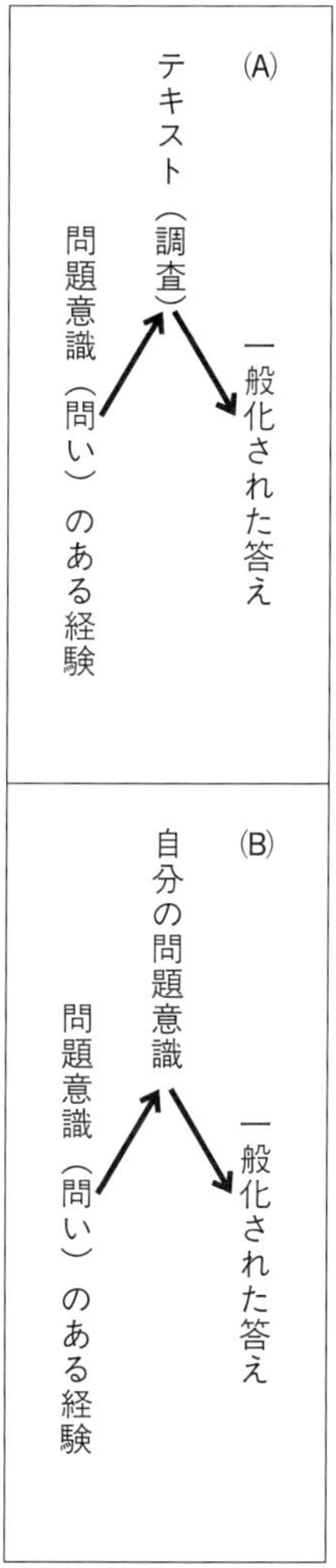

これに対して、原初的な「論文」では媒介は外にはなく、(B)のように著者自身の内なる問題意識こそがそれになっているのだ。

　このように、両者はテキストを媒介とするかどうかだけが違うのであるが、それは「焦点化」と「一般化」の違いになっていく。

　経験を「焦点化」し、その焦点を「一般化」することは「経験のどこを、どの視点から問題にするのか」、つまり経験を見る視点と方向性を与えることだった。この作業は多くの高校生にとっては非常にムズカシイ。それは、第一に、経験が現実に深く食い入っておらず根拠としては不十分なことを意味している。第二に、もし深い経験であっても、現実には多様な側面があり、それらが複雑に関連しているために、どこに視点を設定したらよいのかが分かりにくいためである。

　そこで、調査が大きな意義を持っていたのである。調査が現実を広く深く探索し、その問題点をえぐり出す。また、高校生の漠然とした問題意識に形を与えるのだ。

そして、この調査活動の中でも、周囲の調査からより広範囲の客観的なものになれば、実験や統計資料になるだろう。また、その分野の先行研究・先行論文、思想的には過去の思想史・哲学史が媒介とされるようになっていく。

そうなると本格的な論文であり、多くの場合は大学の卒論以上がそれに当たるだろう。高校生に求められるのは、そうしたレベルではない。むしろ、そうした将来の研究にそなえて、起点となる問題意識が明確であれば良いだろう。そして、現地の調査活動を体験し、また文献やテキストで、自らの経験の意味を考えていくことができれば十分だろう。つまり、将来の本格的な論文への準備である。

高校生と大学生の違いを図式的に示しておけば、高校生はこうした形式を練習するのであり、調査方法やテキストは教師などによって外的に与えられる。大学では、自らの問題意識によって主体的に調査方法やテキストを選択し、それらを媒介にすることで、基本的には独力で答えを出すのだ。

前者は「学習」であるが、後者は「研究」となっていく。研究が進むに連れて、その分野の最先端のものになっていき、人類史上の最先端を走ることになっていくだろう。

ただし、私たちの目標はプロの研究者を養成することにあるのではない。そうした可能性をも含みながら、より重要なことは、すべての人が自らの切実な経験から「自分の思想」を持って生きることであろう。それを究極の目標としながら、表現指導を行うのである。

Ⅲ 「テキストを媒介とする論文」と「小論文」

本書では、高校段階の「テキストを媒介とする論文」を取り上げるのだが、そうした論文の、極めて特殊な形式が「小論文」である。

学校現場の一部には、小論文を表現指導の最終目標であるかのように言い、実際にもそのように指導が行われていたりする。しかし、それは大きな間違いだろう。

論文一般を「小論文」と呼んでいる人たちもいることを考える時、私たちは先ず、「論文」や「テキストを媒介とする論文」と「小論文」を明確に区別し、言葉としても使い分けなければならないだろう。

「小論文」とは大学入試で出される論文形式のことであり、それは確かに「論文」や「テキストを媒介とする論文」の一形態なのだが、それは「典型」でないどころか極めて特殊な形態である。その特殊性は何よりも選抜を目的としていることによる。

それは第一に、短い制限時間と短い制限字数で書かなければならない。第二に、テキストは一律に与えられ選択の余地がない。このことは大きな束縛である。

高校生の表現指導の最終段階の目標は「論文」「テキストを媒介とする論文」を書くことであり、「小論文」はあくまでもその応用として位置づけられるべきものである。

ただし、大学入試の「小論文」の形式のほとんどは「テキスト（図表を含む）を媒介とする論文」であるから、その練習は、事実上「小論文」演習と重なってしまう。

しかし、本来の「テキストを媒介とする論文」の指導と入試対策とではどうしてもズレが出てくることを教師の側は理解しておくべきだろう。

私は「テキストを媒介とする論文」を指導し、最後に大学入試の「小論文」の全般的な対策指導を行う。本章もその順番になっている。

Ⅳ 「テキストを媒介とする論文」とは何か

「論文」の形式が一応理解できたところで、「テキストを媒介とする論文」へと移行したい。経験文から「論文」を導出したように、「論文」の題材をそのままに「テキストを媒介とする論文」へと展開したいのだ。

次のプリントで、「テキストを媒介とする論文」とは何かを説明する。

「テキストを媒介とする論文」とは何か

(A) 経験から生まれた自分の問題意識（問い）に、テキストを手掛かりに（媒介にして）答えを出したもの

テキスト
経験から生まれた自分の問題意識（問い）↗ テキスト ↘ 答え

(B) 構成

(1) 経験　四〇〇字

(2) 一般化　四〇〇字

① 問い　四〇〜六〇〇字

著者は「……」（引用する）と言っているが、（この後に疑問文をつくる）

② 分析　三〇〇字

・文中の「対」と「言い換え」と「媒介」を使用する。

対は三組くらい使用したい。

「対」と「言い換え」

$$\begin{cases} A=A'=a=a'=a''\cdots \\ B=B'=b=b'=b''\cdots \end{cases}$$

「媒介」

$$A \nearrow B \searrow C$$

・文と文の間にはすべて「接続詞」を入れて、前後の論理的関係を自覚する。
・「本質語」を使用する。
③ 答え 二〇字〜四〇字
分析のまとめであり、問いの答えである。

「従って、………である」。

賛成・反対を求められた場合は「よって、私は著者に賛成（反対）である」。


字数制限は、後の「小論文」を意識している。

分析部分では、課題を意識させるために、「接続詞」は□で囲ませ、「対」と「言い換え」と「媒介」、「本質語」には二重傍線を引かせる。そして、「対」は両者を線で繋ぐようにしている。

さて、「論文」と「テキストを媒介とする論文」とはテキストを媒介とするかどうかだけが違うのであるが、前述の通りそれが「焦点化」と「一般化」の違いになるのだ。

一般化部分では次のような点が違ってくる。①問いでは、「著者は『……』（引用する）と言っているが、（この後に疑問文をつくる）」とする。②分析で使用する「対と言い換え」「媒介」「本質語」は基本的にテキストに従う。つまり、この形式では、「焦点化」はテキストの方向性、問題意識によって行われ、問いの立て方、分析の仕方はテキストで決められてしまうのだ。

ただし、①問いで、画一的に著者の主張に賛成・反対を問う形を求めることはしない。むしろ、「なぜ（Why）……なのか」「どのように（How）……なのか」が有効だと説明している。しかし、いずれにしても「テキストを媒介とする論文」では、生徒はテキストに外的に制限されることになる。しかし、多くの生徒はこうしたテキストによる方向付け、一つの観点・視点を与えられなければ、経験から独力で問いを出し、分析することは難しい。一つの視点・観点から見ることで経験に一つの形を与え、それを手がかりに自己の葛藤を整理することができるのである。これがテキストを与えることのプラス面である。

しかし一方で、それがマイナス面にもなることを理解しておくことが必要だ。それはテキストという外的な方向性に縛られることである。そして、高校生達は、往々にしてテキストに振り回され、自分の問題意識を見失ってしまうのだ。こうした危険性があることを深刻に受け止める必要がある。それは「観念病」を一層助長してしまうだろう。

そもそも世間で行われているほとんどの「小論文」指導とは、テキストへのもたれかかりを前提としたものだ。そこにないのは、当人の問題意識とそれを生み出した生活経験の吟味である。

それに対して、私が示そうとしているのは、当人の生活経験とそこから生まれた問題意識を中心にすえた指導である。大切なのはあくまでも当人の問題意識であり、テキストはあくまでも、それを深め、広げるための手段、媒介でしかない。

この二つの指導で、いずれが「生きる力」の養成に結びつくだろうか。大学で必死に学ぶような学生は、いずれの指導から生まれるだろうか。われわれはそれをはっきりさせ、大学入試の小論文でも、こうした正しい方向の問題を評価し、そうでない問題を繰り返し、批判していかなくてはならないだろう。

2 テキストに振り回されないために

I テキストにどう向き合うか

テキストを与えることにはプラスとマイナスの両面がある。プラス面を生かしながらも、マイナス面をできるだけ減らしたい。それにはどうしたら良いのか。このことで苦しまれている先生方は多いと思う。現場で直面しているのがまさにこの問題なのである。

すでに序章で、「マニュアル小論文」と「考える小論文」を取り上げ、テキストへの向き合い方と、構成の問題を考えておいた。それを、ここで再度思い出してほしい。

現在、世間に大きな影響力を持っているのは樋口裕一氏の「マニュアル小論文」であろう。しかし、一方にはそれに反対する西研氏編著の『「考える」ための小論文』のような立場もある。

樋口方式では、テキストにどう対峙させているか。樋口氏は、テキストへの賛否を中心に述べることをもとめる。特に「反論」が有効だと述べている。一方の西氏たちは、それに反対する。賛成の場合は「オウム返し型」「なぞり型」になり、反対する場合は「違和感」「反発」からテキストを攻撃することになりやすく、暴論か独善になりやすい。そして代案としては、テキストを「自分にひきつける」「問題状況を設定せよ」などの提案をしている。

こう比較すれば、両者の違いは明らかである。本人の問題意識を作り上げるのに有効なのは、「考える小論文」の方であろう。テキストを「自分にひきつけ」てこそ、高校生の生活経験やオリジナルな問題意識を問えるだろう。

しかし、問題はその形式（構成）である。樋口氏の場合は、テキストへの賛否を中心にするのだから、その構成は当然ながらテキストを起点にし、中心にする。では「考える小論文」はどうか。

西氏たちの構成案は以下である。①筆者の主張をまとめる。↓②賛成か反対かを述べる。↓③その理由を説明する。

しかし、これでは樋口氏の四部構成と基本的には同じであるし、この形式では皆が「オウム返し型」「なぞり型」になってしまうだろう。

この対極にあるのが私の方法だ。構成は、自分の経験、調査した事実を起点とし、それを論文の根拠とするのだ。この違いを、再度確認してほしい。

私たちはそのために、論文指導前の準備段階に時間をかけてきた。第一段階として生活経験を書き、第二段階として調査活動を行ってきた。それをこの最終段階でどう生かすか。それを生かせる論文の形式、テキストの与え方を真剣に考えていくべきだろう。

三　体験学習から「小論文」へ

読者の皆さんに、この問題を身近な具体例で考えていただくために、実際の学校現場の例をあげてみたい。関西圏の某公立高校では、熱心に表現指導と総合学習に取り組んでいる。そこは進学校だが、理想を高くかかげ、総合学習でも意欲的でボリュームのあるカリキュラムが用意され、全教員と生徒が積極的に活動している。活動後には必ずワークシートに活動報告が記録される。

高一では、講演会、夏休み自由研究、職業調べの課外研修フィールドワーク、テーマ別聞き取り体験学習。高二ではこれらの学習を基盤として修学旅行を行う。高三では前期で総合学習を終えて、後期では小論文講座にシフトする。

ここでは、私と同じ考え方で、体験学習や学外での調査活動を丁寧に指導している。そしてそこから豊かな「小論文」へと結実させようとしている。先生方の熱意も半端ではない。しかし、それでも、なかなか思うような「小論文」が生まれていないのだ。

Ⅲ 「自分のない」小論文

「小論文」指導は高二の秋からで、夏休みに推薦図書リストを与え、その読解指導を経て、「小論文」を書かせている。

以下はAさんが諏訪哲二著『学校はなぜ壊れたか』を読み、それを踏まえて書いた「小論文」である。

小論文は次のように始まる。

最近、私の身の回りで「学校が荒れている」などという言葉をよく聞く。「学校が荒れる」とはすなわち、子供が荒れているのだと、一番に思う人が多いだろう。しかし、私は「学校が荒れる」ことにしろ、「学級崩壊」が起こるのは社会に問題があるからであると思う。

ここから戦後民主主義批判に移り、学校における生徒の規律の問題が展開される。社会の問題として「受験戦争」批判をし、その代案として「職場体験」を出す。そして、「学校とは子供の為にあるべきだ」とした上で、次のように終わっている。

そのためにはまず、「ゆとり教育」と呼ばれる現在の教育方針を見直すことが必要である。私は今の「ゆとり教育」にはあまりゆとりがないように思う。二〇〇六年秋までには現行の「ゆとり教育」が見直されるので今後の展開に期待したいものである。

これは普通の高校生（しかも頭の良い）が書く、典型的な小論文だと思う。形だけは整っているがナカミが無い。

例えば、「受験戦争」の代案として「職場体験」を出しているが、それでいて「ゆとり教育」を否定するのだ。それが「ゆとり教育」から生まれたものであることを知らないようだ。ここには知識不足や論理の弱さがあるが、それよりも「自分」がないこと、「自己理解」が弱いことが気になる。「ゆとり教育」否定とは、今、まさに自分たちが行っている総合学習の否定だということがわかっているのだろうか。

このことは、ワークシート「新書を読んで考えたこと」へのAさんの書きこみを読めばハッキリする。

そこには諏訪氏の「現代のこどもは挫折を経験しないまま成長してきた」という主張が繰り返し書かれている。しかし、その「具体例」は一つも出せないでいる。自分の経験と対応させているのかどうかもわからない。また、家庭教育や親のしつけについても言及しているが、自分の親のことを考えてみた形跡はない。

しかし、Aさんが「教育」をテーマに選んだのは偶然ではない。彼女は高一の聞き取り体験学習では学童保育で指導員から聞き取り調査を行っている。そのワークシートは、ぎっしりと埋められ、彼女の関心の強さがうかがわれる。それなのに、「小論文」ではその経験と調査が生かされていないのだ。

例えばワークシートには「子供がしたケンカ」や「傷つけるようなことをする子供」についで書かれているし、「家庭の状態で学童保育に入れない子供」がいることも話題になっている。「家庭の事情は子供と大きく関わっている。できるだけ子供の事情や家庭の事情が知りたいがきくことはできない」との指導員の発言も記録されている。これらの調査結果と、諏訪哲二氏の「現代のこどもは挫折を経験しないまま成長してきた」という意見は矛盾しないのだろうか。

つまり、この論文は「自分」の生活や実感を無視し、「自分」が調査した事実をも無視した、「偉い人の口まね」になっているのだ。「自己理解」のない文章、「自分のない」小論文なのだ。どうしてそうなってしまうのだろうか。

Ⅳ　カリキュラムと「構成」案の問題

まず、新書から小論文という流れに無理があるのではないか。偉い人のご高説を聞かされた後に、同じテーマで書くならば、高校生に勝ち目はない。意見を出しているが、その根拠は自分の中にはなく、本の中にあるのだ。

そして、その傾向を強める役割をワークシートが果たしてしまっているのではないか。シートの項目は、「著者の言いたいこと」「(それに)共感する点。疑問に思う点」「具体例を交えながら、その理由を述べる」といった順番になっている。これでは著者に引きずり回されるだけではないか。

さらにワークシートにある「小論文の文章構成」指導にも問題があるのではないか。そこでは四段落構成を指導しているのだが、それは次のようなものだ。「第一段落　主題の提示」(テーマに対する自分の考えを明らかにする)、「第二段落　主題の証明」(なぜそのように考えるのか、その根拠や事実をあげる)、「第三段落　反論への顧慮」(「確かに…しかし～」の構造で考えて、意見を深めていく)、「第四段落　まとめ」(まとめとして主題の再提示を行う)。しかし、これでは「マニュアル小論文」の「四部構成」とほとんど変わらない。それで良いのだろうか。これでは、高校生は与えられた意見に事実を当てはめようとするだけなのではないか。また、テキストの選択にもよくよくの配慮が必要ではないか。そもそも、総合学習を押し進める立場の学校で、なぜ諏訪哲二著『学校はなぜ壊れたか』を推薦図書のリストに入れたのだろう。

しかし、こうした原因だけではなく、これら全体の教育目標の設定やカリキュラムにも問題があるだろう。

この学校のカリキュラムでは、ゴールが事実上「小論文」になっていないだろうか。高一、高二の年度始めに予備校講師の小論文講演会が置かれ、高三後期では小論文講座にシフトする。

これでは、初めから狭く「小論文」に追い込んでいないか。小論文はあくまでも手段、または一つの到達点でしかない。一人一人の高校生に生き生きとした問題意識を大きく育てることが目的ではないだろうか。進学校であれば、進路意識が明確になり、推薦入試、AO入試などでも必要な「志望理由書」を、全員が書けるようになること。自分の問題意識と夢を、自分の言葉で語れるようになること。それこそが、ゴールだと思う。

たくさんの活動が行われているにも関わらず、それらが相互にバラバラで、なかなかつながっていない。高一次の活動が高二の活動へと着実に発展していないように思われる。その原因は、目標の曖昧さに関係すると思うのだがどうだろうか。

3　テキストを生かすにはどうしたら良いのか

1　テキストを与える前の準備

では、「テキストに振り回されないために」はどうしたら良いのか。結局は、テキストを与える前に、どれだけの準備ができていたかが肝心なのである。本人の問題意識がある程度まで深まり、テキストを「自分にひきつけ」「問題状況を設定」できるまでになっていなければならないのだ。

そのための、第一段階の経験作文であり、第二段階の調査活動であったのだ。そして、その過程の中で、常に「自己理解」を深めさせられたかどうかが問われる。「対象理解」の背後で「自己理解」が深まっていなければ、第一段階と第二段階が総合されることはないからだ。

では、そうした前提ができたとして、どのように「テキストを媒介とする論文」を書かせたらよいのか。どのようなテキストを、どのように与えて、どのような構成の「小論文」を書かせたらよいのか。

二　テキストの選択

「テキストを媒介とする論文」の練習で、テキストの選択は極めて重要だ。それは高校生の魂を揺さぶるだけの力を持っていなければならないからだ。

それには第一に、書き手の問題意識が強烈でなければならない。つまり、著者の切実な経験が根底になければならない。第二に、その実際のテーマがどうであれ、常に「自分とは何か」「生きるとはどういうことか」という根元的な問いを根底に置いているようなものでなければならない。第三に、切実な経験を根拠に、その深くに潜む論理を、著者が明確に分かりやすく示したもの、つまり私が求める構成になっているものが望ましい。つまり、テキストはそれ自体が、高校生の「論文」「テキストを媒介とする論文」「小論文」の模範でなければならないのだ。

この三条件を満たし、なおかつ、教師自身が深く感銘を受けたものを選ぶべきだ。それでこそ、高校生の心にとどく可能性を持つのではないか。

私は最近では夏目漱石の「私の個人主義」前半部分（岩波文庫『漱石文明論集』の一一七〜一一九ページ）をよく使う。高校生にとってのインパクトを確認できたからだ。もちろん一つのテキストが万能なわけではない。個々の高校生には、その個別の課題と発展段階に応じたテキストを提供することが理想だ。

例え一斉授業であり、大学の入試問題を使用するとしても、できるだけこれらの条件を満たすテキストを選択することは可能だし、教師の義務だと考える。

III　テキストの力

以下に、夏目の「私の個人主義」が威力を発揮した例を紹介する。

高三の女子の夏の段階の経験文である。彼女は陸上部での経験をまとめるのに苦労していて、これがすでに三回目の書き直しであった。

私は中学、高校の間、陸上部で短距離をやっていた。小学校の頃から走るのは好きだったので入部したが、先輩と同じ車両に乗るなとか、厳しい上下関係が嫌になって部活をサボるようになった。

中三の時試合で学年二〇人中三番の記録を出し陸上がまた楽しくなり始めた秋頃、毎日私に「明日も部活来なよ」と声を掛けてくれる先輩が現れた。試合の前夜には、毎回応援メールをくれた。

高校生になり秋にリレーで都三位で入賞し関東大会出場を果たし、私の中でもっと強くなりたい気持ちがだんだん芽生え始めた。

そして高二の夏に先輩がインターハイへ連れて行ってくれた。自分に足りない強い精神力と技術に気付き、あの人達のようになりたいと思った。

そして夏の終わりに私の目標であった十二秒台で百メートルを走ることができた。先輩に「インターハイに連れて行って良かった。」と言われた。

X

そして冬には都選抜の合宿へ参加し、都トップレベルの人達と練習し、彼女達の気持ちの強さと意識の高さに刺激を受けた。

私の弱い所は、試合で隣のレーンに強い人がいると、自分の走りが出来なくなることだった。

そして迎えた最後の試合で百メートル関東大会出場は逃したが、自己ベストの十二秒八を出した。

Y

その日先輩から納得のいく結果ではなかったけど、いい終わり方だった。と言われた。

他人に惑わされず気持ちを強く持って、自分の走りをできた。

関東大会に行けなかった悔いは残った。しかし自分の弱点を克服し、中一から今までのまとめとして、いい終わり方だったと自分でも思った。

三回目の書き直しでは、もちろん前進が見られる。X部分で自分の弱点を言葉にまとめ、XとYの箇所で「他人」と「自分」の対を使ってまとめられたのが良くなった点だ。XとYが成長前後の比較になっているのも、わかりやすくて良い。しかし、短距離での自分の成長と、先輩との関係という二つの話が錯綜している。やたら先輩が出てくることが気になる。「焦点」がしぼられていないのだ。それが、夏目の「私の個人主義」を読むことで以下に変わる。

経験

私は中高六年間、陸上部で短距離をやっていた。

高校生になり、私は都大会などレベルの高い試合に出た。そこで私は自分の弱点は隣のレーンに強い人がいると、自分の走りが出来なくなることだ、と気付いた。

問題

そして高二の冬、私は都選抜の合宿に参加し強い人と走る機会を持った。私は彼女達が自分の走りに自信を持ち他人に勝つことより自分の走りをすることを目標にしていることに、刺激を受けた。

問題への対策

私はそれから普段の学校の練習の中で速い人の隣のレーンを走り、その中で自分の走りをする練習をした。

経験

練習で出来ても試合で緊張すると出来なくなった。
しかし最後の試合で私は目標であった百メートルを十二秒八で走る事ができた。
この時初めて自分だけに集中し自分の走りができた。私は弱点を克服し、自信を持てた。いい終わり方だった。

一般化

問い

著者は、「ああ此処におれの進むべき道があった！　漸く掘り当てた！　こういう感投詞を心の底から叫び出される時、容易に打ち壊されない自信が生まれる」と言っているが本当であるのか。

分析

自分がこだわる何かに懊悩し、そしてそれを克服する方法を知り、克服した時に、自分に自信が出来ると思う。そして、それらは他人ではなく、自分が見つけたものなので、誰が何と言おうとも動じない、自分の強い自信になるのだと思う。だからどう進んでいいかわからない時、何かにぶつかるまで行く、そうすれば、自信が得られると思う。

答え

従って、自分の進む道を自分で見つけられた時に、強い自信が生まれるのだ。

錯綜していた自分の成長と、先輩との関係という二つの筋がみごとに整理されてしまった。話は「自分の成長」に絞られ、先輩の影はみごとに消えてしまった。「他人に惑わされず気持ちを強く持って、自分の走りをできた」から「他人に勝つことより　自分の走りをすること」と定式化がより明確になり、その問題への対策として「速い人の隣のレーンを走り、自分の走りをする」練習を対置できるまでになっている。一般化部分も「他人ではなく、自分が見つけた」と自分と他者の対でまとめられている。話が「自分の成長」に絞られ、先輩が完全に消えてしまったのはなぜか。「他人」である「先輩」に依存していることに気づいたからだろう。

一挙に、これだけの変化を引き起こすだけの力をテキストは持っているのだ。彼女は、テキストから「自己本位」「主体性」のメッセージをもらうことによって、「自分と他人」という視点を押し進め、経験の意味を整理したのだ。もちろん、本人に強い問題意識がありながら、焦点が明確に絞りきれなかった場合にのみ、こうしたことが起こる。

「初めは、自分がやってきたこと（陸上）が自分の中で書きたいことなのは分かったけど、それを文章にするやり方が分からなくって、グチャグチャとしていましたが、最後に自分の一番伝えたかった事を書けました。でも、それは何度も考えて、ちょっとずつ、出来るようになったと思います」。本人の弁だ。

Ⅳ　自己相対化の難しさ

ここで、テキストが持っている別の意義にも目を留めたい。

先に挙げた例は、テキストの与える視点が、「焦点化」を押し進めた例である。多くの高校生には明確な問題意識が育っていない。経験を一つの視点から整理できず、「焦点化」ができないために、一般化もできない。そうした場合、良いテキストが爆発的な力を発揮することがある。

　では、それがすでにできていた場合はどうなのか。テキストが自分と似たような視点から書かれていれば、すでに「論文」で書いた一般化の「言い換え」程度で書けるだろう。しかし、その場合は、本人の学習は小さいかも知れず、むしろ、違う視点を持つテキストによって、「自己理解」は深まるようだ。次にそうした例を紹介したい。以下は、「学校と私」（第二章八九ページ）の著者のこの段階のもの。テキストは夏目「私の個人主義」。

問い

私には学校は合っていない。だったら私の場所はどこなんだろう？　中三の進路選択の時期、私に浮かんできた疑問だった。

経験

　私は中二の秋に、学校のやり方に反発、不信感を感じ、それまで通っていた私立の中学を辞めた。公立中学に転校しても始めはなかなか学校に通えなかったが、先生や友達の支えで、次第に学校に対する悪感情も薄れ、学校に通えるようになっていった。

　しかしこれは、公立中学が私にとって良い環境であったからであり、私はやはり、学校には合っていないと考えた。しかし、大事なのは、環境がどうかではなく、自分がどうするか、だと考え、高校に進学してみる事にした。

　二年半の高校生活で、私は今の学校を、良い環境だと思えるようになった。そして今度は、悪い環境から避けるためにではなく、良い環境からもさらに先を目指して、自分の場所を探し出したいと思う。

一般化

問い
筆者は、「進むべき道」を「掘り当てる所まで進んでいくべき」だと言っているが、それはどういう事か。

分析
私は初め、自分に合わない環境は避け、自分に合う環境を探し出そうとする行為を、「進むべき道」を「掘り当てるまで進む」ことだとしていた。しかし、これは違う。環境に対して、より良くしようとする個人の主体的行動によってこそ、やっと進み始める位置につける。

答え
従って、さらに良い環境を目指して、主体的な行動を起こしていくことが、自分の幸福という目的のために、「進むべき道」を「掘り当てるまで進んでいく」ことなのだと思う。

経験部の冒頭が「問い」で始まるほどに、これまでの指導で問題意識は明確になっている。経験部では「環境か自分か」という問題の立て方になっていた。この対の意味を、テキストを手がかりに明らかにしようとしている。それが「主体的」という言葉で表現される。これは、「環境に対して、より良くしようとする」を「主体的行動」と「言い換え」たにすぎないとも考えられるが、著者が夏目の生き方と自分の将来を重ね合わせていることを思ってみるべきだ。

本人は「夏目漱石の本は本当に感動した」と書いている。それは、自分が追い求めようとしているものが、夏目のそれと響き合ったからだろう。

しかし、「陸上部」の例と比べて、「自己理解」に大きな前進は見られないとも言える。当人も「時間をかけて書いても、同じような文しか書けなくてもどかしかった。論理が自分でもわからないような、やたらややこしい形になってしまって、難しかった」と述べている。

つまり、すでに自分なりの視点を持っている高校生には、テキストを生かすことはかえってムズカシイ場合があるのだ。自分と異なる視点を生かすだけの余裕がないからである。

そうした時に焦る必要はない。まずは夏目と共振できるだけの到達点に達したことを、本人と喜び合うべきだろう。また、夏目にも振り回されないだけの、強い視点を持っていることはすばらしいことだ。

そして、時間が経ち落ち着いてきて、自分の視点を相対化できるようになるのを待つのだ。そうすると、秋には次のような文章が生まれてくる。夏に集中して書いていたときから、時間が経ち、辛かった経験や自分の思いにも距離を置けるようになった頃、別のテキスト（坂本多加雄『象徴天皇制度と日本の来歴』）で再考したものだ。

Ⅴ 「自己相対化」の実例

中三の進路選択で、私は高校に進学しないと決めた。私は中二で私学を辞め、公立に転校した。問題児だった私には、私学は排他的に思えた為だった。しかし公立では違っていた。初めは馴染めず、休みがちだった私に対しても、皆寛容だった。次第に学校に通学する様になって

経験

いった。高校受験が迫った頃、やはり私はまだ学校に未練があると気付き、もう一度進路を考え直してみる事にした。

私はそれまで過去の経験を振り返る時、私学での辛かった経験に押し潰され、公立で得た有意義な経験が見えていなかった。しかし考えてみれば、むしろ私学での経験があったからこそ公立の良さも十分に理解出来たのだ。

この様な事から、過去の経験はたとえ失敗であったとしても、自分の糧となることを知った。また、この先たとえ失敗しても、それはきっと次の成功へとつながると考えるようになった。そして、高校に進学しようと決めた。

一般化

問い

本文によれば、「さまざまな筋の可能性を秘めた物語のなかで、過去と現在が未来を規定し、また、未来と現在が過去を規定する」とあるが、どの様な事なのか。

分析

人は決断を迫られた時、過去の経験をもとに、未来を決定する。また一方で、未来の決定に対し、何らかの意図を持った状態で、その意図を満たす様に過去を規定する。その時人は以前は失敗だと思っていた過去が、成功へとつながっていたという意義を見出す事もある。また、過去に失敗であった事が、現在振り返る事によって自分の糧となる事もある。そしてそれが、未来の決定につながる。

答え

以上の事から、人は、未来の決定を前にし、成功でも失敗でもありえた過去から現在につながる成功を見いだす事が出来た時、それはその人を支える物となり、その人の現在を規定

一般化
する。そして それは現在の自分を信じ、失敗をも成功に変えうる力として、未来を規定し
答え
てゆく物である。すなわち、その人自身の来歴である。

ここでは、前回までの視点や方向性を捨て、「過去と現在が未来を規定し、また、未来と現在が過去を規定する」との視点から同じ経験を考え直している。その視点から「私学での辛かった経験」を一つにまとめ、その全体の意味を肯定的に理解しようとしている。その「辛かった経験」も現在の生き方によって「成功」に転化することができる。それこそが、前で彼女が言っていた「主体的」ということだろう。それは大学進学の「決断」にもなり、その「自己理解の物語」の一部に「私学での辛かった経験」はしっかりと組み込まれて構造化されただろう。

このように、テキストには、当初の問題意識を相対化し、経験の意味を別の視点から深めさせるという大きな役割があるのだ。

テキストは、「焦点化」ができないで苦しんでいる人には、それを助ける。すでにそれができている場合は、それを一旦壊し、別の視点から見ることを可能にする。それは、一つの視点に捕われることから自由にし、経験を見る多様な視点を学習させてくれる。

Ⅵ　教師の指導性と誘導

しかし、ここまで読んできて心配される方がいると思われる。テキストの力によって、せっかく出かかった芽が潰されることもあるのではないか。それどころか、教師の望む方向性に持っていかれることもあるだろう。それが「誘導」「洗脳」でないとなぜ言えるのか。つまり、本人にとって成長となるような一般化と、そうでない一般化の区別はどこにあるのだろうか。

本来そこに内在していた本人の問題意識が、その指導ではっきりしたかどうか。その問題意識が深まり広がったかどうか。その基準で考えるべきだろう。しかし、その判断は簡単ではない。そこに教師の力量が大きく関わることになる。

それだけではない。問題意識の広がりと深まりのためには、当人の問題意識は他の視点から一旦は否定され、相対化される必要がある。つまり、生活経験の「直接性」を、一旦は「断ち切る」段階が必要であり、その大きな役割をテキストが果たすのだ。

この生活経験の「直接性」が否定されることに、大きな懸念を持つ方々がいる。作文教育に熱心に打ち込まれている先生方の中にそうした方々が多い。そうした方々は「小論文」を否定するだけではなく、「テキストを媒介とする論文」も「論文」も否定しがちなようだ。そして、生活経験の作文だけに固執する。

しかし、そこには大きな誤解があるように思う。私たちは、当人の生活経験から、その人の独自の思想を作りたいと思うのだが、そのためには、経験の直接性は一旦は断ち切って、より一般的に捉え直す必要があるのだ。そうしなければ、経験の「奴隷」で終わることになり、他の経験をしている他者との相互理解は不可能になるだろう。

私たちは、自分の一回きりの経験を尊重しながらも、他者のそれをも尊重し合い、自分の経験の中に含まれる真の「普遍性」にまで到達しなければならないのだ。そのためには自分の経験の直接性に固執していてはならないのである。これは、実は本書第二章の「長いあいだの経験を書く」段階で取り上げた「書き直し」の是非の議論（二〇二ページ）と同じ問題なのである。

もちろん、経験の直接性が一旦否定されることは必然であっても、その個々の場合において、その指導が適切かどうかは、問われなければならないだろう。しかし、それは個々のケースを、個別に検討するしかないのである。そして、そうした先生方同士の学習の場を、作っていきたいと思うのだ。この問題では、究極的には先生の力量を高める以外には解決策はないからだ。

本書の読者の方々と、そうした学習の機会を組織していく必要があるだろう。本書が、そのためのきっかけとなることを、私は切に願っている。

4 「小論文」対策

1 「小論文」演習の実際

「テキストを媒介とする論文」の指導について述べてきた。いよいよ「小論文」入試対策の話をしたい。

私が「小論文」指導を始めるのは、高三の一〇月頃である。彼等は夏の終わりまでに直接経験と「聞き書き」などの間接経験から二つのネタを獲得している。秋からはそれらを元にして「論文」と「テキストを媒介とする論文」を書く。そして、「テキストを媒介とする論文」の練習と並行して「小論文」の練習を始めるのだ。それまでと同じ題材を使って、入試問題にアタックする。

すでに、「テキストを媒介とする論文」の練習において、入試問題も使用しているのだが、ここからは本格的な入試問題演習になる。

実際の入試問題演習は、出題される主な形式と、主要分野を代表するようなテキストで行いたい。ただし、テキストはできるだけ高校生にとってインパクトのあるものを選択したい。

毎回の授業のメニューから、高校生たちはそれぞれの希望進学先に必要なものを選んで練習する。

出題形式では以下の四つがある。

(1)与えられたテキストで「小論文」を書く。要約の練習もする。絵や写真などが使われる場合もある。
これは慶應の法学部、文学部、看護学部など。国立大の文系の後期試験や医学部、看護学部などでも行われる。

(2)与えられた二つ、三つのテキストで「小論文」を書く。要約の練習もする。
慶應の文学部。慶應のSFCなど。

(3)与えられたテキストや図表を読み、「小論文」を書く。
慶應の商学部、経済学部、SFC、早稲田（人間科学）など。

(4)与えられたテーマで「小論文」を書く。
慶應の医学部など。

この四つの形式では、(1)が基本形で、他は応用に当たるだろう。

世間では、出題形式別のマニュアル指導をしているところが多いようだ。私は、そうした指導は行っていない。どのようなテキストが出ても、秋までに用意した直接経験と間接経験を題材にすればよいと、指導している。

「直接経験一つ、間接経験一つあれば、とりあえずどのような『小論文』にも対応できる」。テキストによって、同じ題材を、テキストの独自の視点から再考するのだが、それは「焦点化」と「一般化」の違いがあるだけなのだ。

この方法では、まず直接経験と間接経験それぞれの題材を、一応「準備稿」としてまとめておくことが必要だ。そして、テキストを元にした「焦点化」と「一般化」で、一応の合格レベルにまで書き直した原稿を用意しておく。私はそれを「決定稿」と呼んでいる。「小論文」演習では、複数のテキストで「決定稿」を用意しておきたい。

入試本番では、「決定稿」を元にして展開できることが多いが、書き直しの作業で「準備稿」から「焦点化」と「一般化」をする要領を体得させておきたいのだ。

以上の方法がそのまま通用するのは、先にあげた出題形式では(1)と(2)である。(3)になると、準備した「決定稿」や「準備稿」をそのまま使うことはできないが、大切に育ててきた問題意識や表現力が威力を発揮するだろう。(4)については後述する。

断っておくが、もちろん用意した直接経験一つと間接経験一つだけしか書かないわけではない。「小論文演習」の受講者は読解の「似たもの探し」（次章）で、他の経験も複数考えてきている。テキストによってその経験の方が考えやすければ、それを使えば良いのだ。ただし、その場合も練習としては「決定稿」を作っておきたい。

Ⅱ 準備稿と決定稿

「決定稿」や「準備稿」について、実際の指導の仕方を説明しなければならない。しかし、すでに、その具体例による説明は終えているのだ。先にあげて説明してきた、「学校と私」（第二章八九ページ以降）から始まった女子の、「論文」を経て「テキストを媒介とする論文」までがそれなのである。

「準備稿」とは、彼女の場合は「学校と私」のことであり、「論文」における経験の「焦点化」と「一般化」の「決定稿」とは第四章の一六四ページの経験文と一七二ページの一般化を合わせたものである。複数の入試問題での「決定稿」とは、本章の二二四ページと二二六ページの文章のことである。これだけの準備ができた受験生は、どの大学でも通用する。入試問題のテキストが本人の問題意識と同じ方向性である場合は、用意した「決定稿」がそのまま使えるだろう。「言い換え」程度の操作で書ける。本章二二四ページの場合がそうだ。そうでない場合も、テキストによる相対化と「焦点化」の練習をしてきたのだから、本章二二六ページと同じ要領で、「準備稿」からテキストに合った「焦点化」をして「小論文」を書くことができるだろう。

彼女は一年の表現指導を振り返ってこう書いている。「自分のこれまでの経験が、今の自分の意見を形成していることが分かりました。小論で自分の経験を書いて、これまでただ通り過ぎてしまっていた経験をきちんと言葉に表すことによって、否応なしに考え直さなければならなくなりました。そして、それによって導き出された答えが、今の私の意見を自信をもって述べられるようにしてくれていることが分かりました」。

彼女は某難関大学の「哲学科」に進学した。こうした人こそ、哲学を学ぶ資格を持っていると、私は考えている。

三 「小論文」のどこをどう評価するのか

「小論文」指導において、提出された生徒作品のどこを、どうチェックするか。その方法は、論文の場合と変わらない。「焦点化」の妥当性、「焦点化」と「一般化」の対応、経験部分と一般化の対応である。「上下の対応」によって、根拠と意見がきちんと対応しているかどうかはチェックしなければならない。

ただし、「小論文」にはテキストが与えられるから、「一般化」部分が次のようになっている。①問いでは、著者は「……」(引用する)と言っているが、(この後に疑問文をつくる)。②分析で使用する「対と言い換え」「媒介」「本質語」は基本的にテキストに従う。

この①②が適切かどうかをチェックする必要があるが、それは「小論文」というよりは読解のチェックである。読解については、次章で簡単に説明する。

ただし、これらは形式的なチェックである。当然のことだが、評価の核心部分は、当人の問題意識の深さであり、思考の深さである。それは、これまで指導してきた第一段階として生活経験、第二段階として調査活動の評価に戻っていく。第一段階と第二段階の総合の段階が「小論文」なのだから、そこにはそれぞれの段階の作業がさまざまな形で影響していることが見て取れるだろう。その総体の中で、高校生一人一人の問題意識が、どれだけ大きく確かなものに育っただろうか。

参考までに、私の「小論文」の評価方法を説明しておく。

姿勢（問題意識の評価）、読解、分析、構成、表現の五項目で、ＡＢＣＤで評価する（Ｂ以上で一応合格圏内）。

一番重視しているのが姿勢である。読解とはテキストの理解、分析とは「焦点化」と「一般化」の適切さ、構成では「上下の対応」や「問い」「分析」「答え」の流れ、表現は文章表現の評価である。

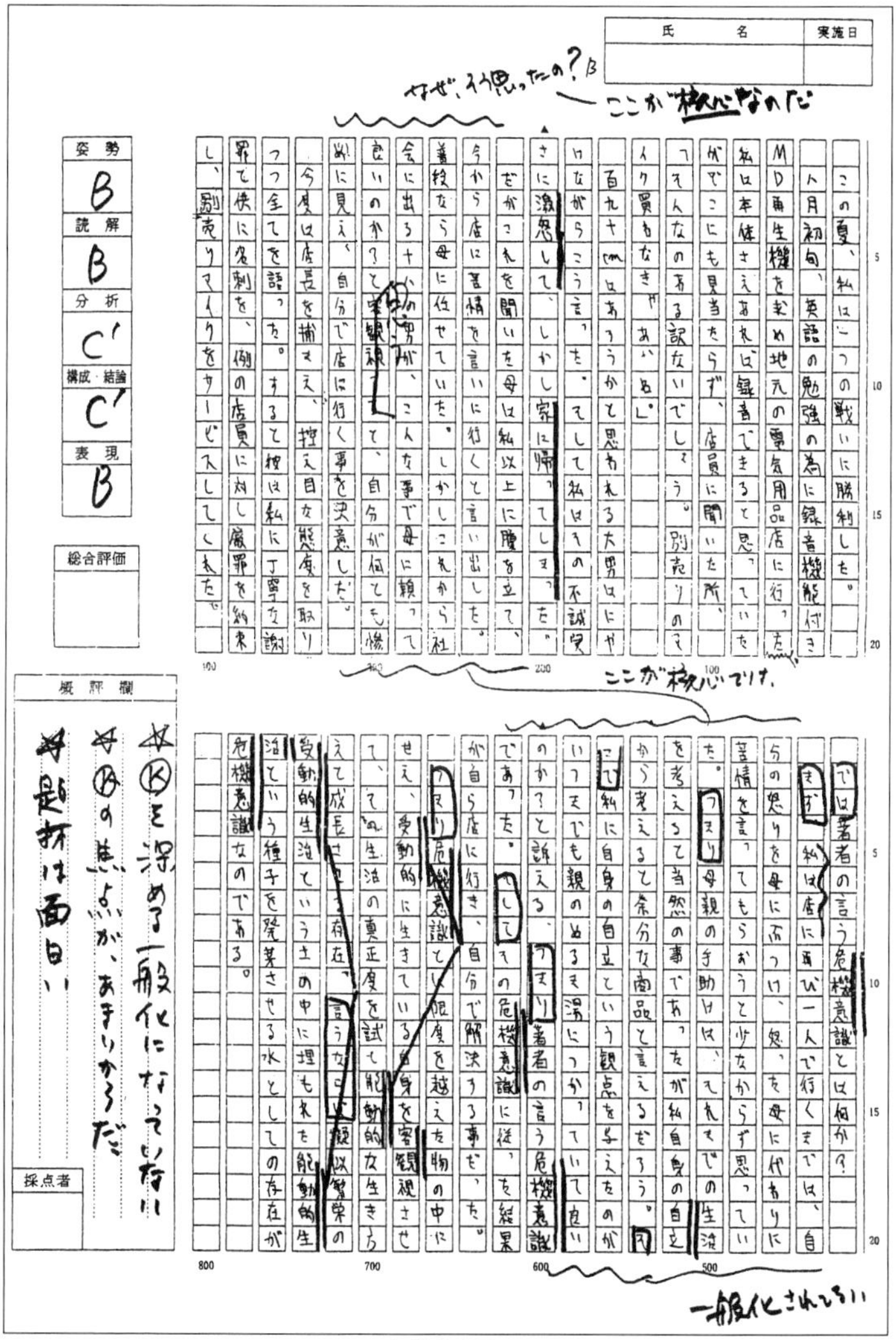

この夏、私は一つの戦いに勝利した。
八月初旬、英語の勉強の為に録音機能付き
MD再生機を求め地元の電気用品店に行った
私は本体さえあれば録音できると思っていた
がそこにも見当たらず、店員に聞いた所、
「そんなのある訳ないでしょう。別売りのそ
イク買もなきゃあいかんよ」
百九十㎝はあろうかと思われる大男はにや
けながらこう言った。そして私はその不誠実
さに激怒して、しかし家に帰ってしまった。
だがこれを聞いた母は私以上に腹を立て、
今から店に苦情を言いに行くと言い出した。
普段なら母に任せていた。しかしこれから社
会に出る十八の男が、こんな事で母に頼って
良いのか？と客観視して、自分が何でも機
めに見え、自分で店に行く事を決意した。
今度は店長を捕まえ、控え目な態度を取り
つつ全てを語った。すると彼は私に丁寧な謝
罪で快く返刺を、例の店員に対し厳罪を約束
し、別売りマイクをサービスしてくれた。

では著者の言う危機意識とは何か。
まず私は店に再び一人で行くまでは、自
分の怒りを母に打つけ、怒りを母に代わりに
苦情を言ってもらおうと少なからず思ってい
た。つまり母親の手助けは、それまでの生活
を考えると当然の事であったが私自身の自立
から考えると余分な商品と言えるだろう。
こで私に自身の自立という観点を与えたのが
いつまでも親のぬるま湯につかっていてよい
のか？と訴える、つまり著者の言う危機意識
であった。そしてその危機意識に従い、結果
が自ら店に行き、自分で解決する事だった。
つまり危機意識とは限度を越えた物の中に
甘え、受動的に生きている自身を客観視させ
て、その生活の真正度を試し能動的な生き方
へて成長させる存在を言うならば以繁栄の
受動的生活という土の中に埋もれた能動的生
活という種子を発芽させる水としての存在が
危機意識なのである。

生徒作品例

5　大きなテーマの「小論文」

1　大きなテーマの「小論文」

最後に、先に示した出題形式の(4)、与えられたテーマで「小論文」を書く課題について、簡単に述べておこう。これは慶應の医学部などで出題されるが、テキストが与えられず、大きなテーマが示されるだけの「小論文」だ。特にそのテーマは大きく、個人的な経験から導くことが難しい。そうした場合はどうしたら良いのか。それを最後に取り上げよう。出題形式の(1)(2)などのテキストがそうしたテーマの場合にも応用できる。

大きなテーマとは、理系では「科学技術論」「医療問題」など。文系では「民族論」「国家論」「国際関係」「異文化理解」などである。しかし、こうした文理の区別は暫定的なもので、「科学技術論」「医療問題」を文系で問われる場合もあるし、その逆もある。これは当然だろう。すべては深く関係し合っているからである。

さて、文系では「民族、または国家について、自由に論じなさい」」、理系では「科学技術の進歩が人間の精神にどんな影響をもたらしたか」（早稲田・人間科学部で出題）との出題形式で書かせた。高校生には難しいが、これまでの練習と次の準備があってこそ可能になる。

こうした大きなテーマでも、書き方の枠組みは前回までと何ら変わらない。八〇〇字の原稿用紙前半四〇〇字で経験を書き、後半四〇〇字で前半の一般化を書く。テキストに基づく場合は「小論文」となり、そうでない場合は「論文」の書き方に準ずる。

こうした大きなテーマに取り組むためにも、十分な調査段階が必要だ。すでに第三章で第二段階の調査活動を説明した。私は最低でも半年間（特に夏休みの間は毎日）は、関心あるテーマについての「新聞の切り抜き」と整理、新書数冊の読書をするように指導している。そうした対象理解によって、自己理解を深めることが目的である。

そうした準備をした彼らには、「科学技術論」では環境問題、医療問題（脳死、臓器移植、末期医療、癌告知など）、原発事故やクローン人間などをすぐに思いつけるだろう。「国家・民族論」では、首相の靖国参拝問題、戦争と戦争責任、民族紛争、ナショナリズム、民族・人種差別、西欧の植民支配とそこからの独立、日本での国旗・国歌問題などがすぐに思いつけるだろう。

Ⅱ　例①「民族・国家論」

では民族と国家をテーマにした高校生の文章を見てみよう。

経験

日本と異なったアメリカやカナダなどでの他民族国家の民族意識は容易には理解しにくい。民族と文化の関係で私が思い浮かべるのは、興味をもっているハワイのことである。ハワイは、もとはポリネシアンの人々だけが住む島であったが、約数百年前、アメリカ合衆国に合併されたのだ。それによって今まで長年守り続けてきたハワイ独自の文化や言論、習慣を奪われてしまったのである。

フラダンスを例に挙げてみると、ハワイのフラは本来、自然現象や動物、植物、愛などを優雅に表現する踊りである。古代ハワイではフラは神や自然に捧げる神聖なものとされていた。しかし、一九世紀になり宣教師がハワイを多く訪れるようになったとき、フラは扇情的、挑発的とみなされて禁止されてしまったのだ。その後、フラはカラカウア王によって復活し、その指やつま先の一つ一つの動きには、深いストーリーが刻まれているのである。

一般化

問い

国家とは何か。

分析

近代の民族国家の理念には、国家という政治的単位が宗教、言語、芸術伝統、生活様式などの文化的単位と一致するという理想・建前があった。しかしそれはあくまでも建前であって現実は、他言語、他宗教、他文化伝統を含んだ雑種性からなっていたのである。

民族とは、共通の土地に住み、共通の神話と記憶を共有し、共通の民族文化と経済生活をいとなむ集団であり、必ずしも人種と重複しない場合もある。

つまり、国家の理念が、同一民族、同一宗教、同一言語、同一文化という共同的な幻想を

一般化

生み出したことに**よって**多くの民族が自分の国家を求めだしたのだ。

答え

従って、国家という支配制度は、民族を政治的共同体に変えてしまい、**本来**多様なはずの宗教や言語、文化、生活様式までをも一元化してしまうものだと言える。

前半のフラダンスの説明から、筆者（女子）のハワイへの愛情が伝わってくる。それだけに「独自の文化や言論、習慣を奪われてしまった」こと（事柄の矛盾・対立）への同情と、奪ったものへの怒りが感じられる。

後半ではそれを「国家」と「民族」の矛盾としてまとめている。結論部では、本人の問題意識が普遍的な言葉でまとめられたと言えよう。ただし、「つまり」ではじまる段落は前後とつながらない。

ここで一言断っておきたい。国家や民族といった大きなテーマであっても個人的な経験を根拠に論ずることはできるのである。個人的な葛藤を、自らのアイデンティティの問題として捉えた場合、特にそれは重なってくる。国家も民族も、大きくはアイデンティティの問題に他ならないからである。友人や両親とのトラブルの経験から、国家間や民族間の戦争について論ずることもできる。こうした発想は、生活経験と抽象概念をつなぐ練習をし、対象理解と自己理解を絶えず結びつけるように指導してきた場合に、可能になるだろう。

もちろん、個人的な経験は、それが深いものでない限り、大きな話に広げると浮いてしまう危険性はある。しかし、個人の問題と国家や民族の問題の根本は深く結びついていることを理解させておきたいものである。

Ⅲ　例②　「科学技術の進歩が人間の精神にどんな影響をもたらしたか」

経験

妊娠十ヶ月の大きな母親のお腹に、長さ一五センチメートルの針がゆっくりと入ってゆく。その針の先が胎児へと届き、やがて画面に映った胎児の心臓は静かに停止した。私は思わず顔をしかめた。これは学校の保健の時間に見たビデオの一部で、「減胎手術」の様子である。胎児の心臓が停止した映像は今でも生々しく頭にこびりついている。

減胎手術とは、不妊症の母親が不妊手術をした為に多胎妊娠した際に、母体の安全のために胎児を減らす手術である。針の先から胎児に塩化カリウムを注入し、死んだ胎児は母体に吸収される。減胎手術をすることによって、胎児の命が奪われてしまうという欠点はあるが、母体への危険性は低くなり、生まれてくる赤ん坊も健康であるという利点がある。科学の進歩により物質的にはこの様な影響を受けている。

一般化

問い

では科学の進歩は、人間の精神にどのような影響を与えているのだろうか。

分析

人は誰しも自らの意志で我が子の命を奪ってしまうとしたら、罪悪感を当然感じるだろう。しかし医療科学の力のおかげで母親は子供を持つことを断念せずに済んだ。また自身の安全を確信し、残された赤ん坊も元気に生まれる。つまり科学は私達の精神に罪悪感をもたら

一般化
分析
結論

すばかりでなく、安心感や希望を与えてくれるものである。だがこの相反する感情が存在することは避けられない。なぜなら、結果的にこの感情が生じるのは、子供を授かりたいという目的を果たすための手段に、子供を殺しているという事実が原因としてあるからだ。

かくして、科学に頼ることが当然のことのようになっている今日において、科学の進歩は、人間に精神の葛藤を起こさせているのである。

前半では「減胎手術」の利点と欠点が矛盾としてまとめられている。それだけではない。冒頭部分のイメージが鮮烈である。それが著者（女子）にショックな経験であったことがよく伝わってくるし、読者のわれわれにも「痛み」を感じさせる。それだけにこの問題を人ごとではなく、自分の問題として考えようとしていることが伝わってくる。これまでの「経験作文」の練習の成果である。

後半では前半でまとめた利点と欠点を、「罪悪感」「安心感、希望」の対立とし、「手段」と「目的」の矛盾としてまとめている。ここは、まだまだ十分な調査に基づいた突っ込みが必要なところだ。しかし、それがない段階では、最後は問題提起にとどめる方が、かえって真っ当

◈指導のポイント⑳
どんな大きなテーマでも個人的経験から論じられる。

だろう。

経験

一九九七年六月に臓器提供意思のある場合に限り脳死を死と認める臓器移植法が成立して初めての脳死による臓器移植が今年二月に行われた。脳死が確認される前からテレビや新聞で大騒ぎになり、まるで人々が今か今かと脳死を心待ちにしているかのように見えた。脳死の判定基準には六つの注意点があり、十分な検査が必要であるにも関わらず、「脳死」と発表し、それをすぐに取り消した医師たちに私は「あせり過ぎ」という印象を受けた。

遺族のプライバシーも問題になるほど世間はこのニュースに夢中だった。他の先進国に遅れを取った日本が進歩を急いでいるように思えて心が痛んだ。臓器を物として扱う「部品修理」的医療観、脳死患者への治療放棄など、一方で生命の大切さを唱え、他方では個々の生命の軽視をしている現実に恐怖心を覚える。

一般化

問い

科学の進歩によって人間の精神にはどのような影響があるのだろうか。

分析

人間にとって、自分の命ほど大切なものはない。家族などの命も大切である。その人を失えば、自分が苦しいからである。つまり、私たちは自分を中心として生きているのである。ところが、自分が命を落とした後で、他人を助ける意思のある人は、自分の死が無意味ではないと考えられる。つまり、人間の生命のつながりに対して、全体的な考えのできる人間が存在するようになる。逆に、臓器移植により助かろうとしている患者は、脳死を待望し、自分

一般化

分析

が救われる道を考える。よって自分を中心に考えてしまう。一方の、医療機関は、助かる患者が他の患者の死によって救われるという全体的構造を考慮し、両方失うよりは他方を助けたいと考えればそれは客観的で全面的であるが、医師と患者の能動、受動の関係を利用し、患者を助けようとするならば、その治療は主観的で一面的である。

答え

かくして、科学の進歩は、人間に相反する二つの対立する感情を抱かせ、この矛盾が現代の問題である。

臓器移植のテーマ自体はありふれたものだが、その前半には、本人の問題意識が鮮明に打ち出されている。医者に作用している（と本人は感ずる）「日本人の追いつけ追い越せ意識」への強烈な批判である。本人が「帰国生」で、さまざまな葛藤を経験してきたことが背景にあるのだろう。報道を追いながら、問題意識が発動し続けている。その検証が弱いのは確かだが、こうした作者独自の観点を大切に育てたい。

後半も、自分が問題にした医者の役割を、患者と臓器提供者の媒介者として定式化して証明する（媒介の三角形）。ここまではすばらしい。しかし、そのことと、「日本人の追いつけ追い越せ意識」との関係づけが行われていない。それこそが、当人の一番に言いたかったことではないか。「媒介」を扱うことで手一杯だったのだろう。

以上取り上げてきた三つの生徒作品には欠点も多い。前半もそうだが、特に後半で自分の問題意識をはっきりと定式化（言葉に表現すること）できていない。大きな言葉に振り回されている。しかし、少なくとも前半は、各自の問題意識が感じられる段階には達しているのではないだろうか。あとは、それを一般化しながら概念化する練習を重ねていけばよいだけである。そして、もっと大切なことは、実際に現場を訪問し、調査活動をさらに重ね、文献を読んでいくことだ。

しかし、ここで肝心なことは、高校生段階ではこれで十分だということだ。高校生は大学生ではない。専門家でもない。将来のための問題意識の根をしっかりと持っていればそれで良いのである。そして、これらの「論文」には、それは確かにあると言えるのではないか。

第六章　読解と表現指導

Ⅰ　読解指導と表現指導の分裂

最後に、表現指導から離れて「読解」指導の話をしたい。実は、表現指導をその根底で支えるのは「読解」指導なのである。高校生に「論文」や「小論文」を書かせる段階までには、この読解指導が十分に行われていなければならないだろう。

「論文」への道のりは険しく、十分な媒介が必要である。その一つは第三章で述べた「調査活動」であり、いま一つは本章で述べる読解指導である。

私は第一章で、表現指導の中で「作文」と「論文」が分裂している状況を批判したが、分裂しているのは表現指導だけではない。「表現指導」と「読解指導」も同じく分裂しているのである。ここには同じ問題が根底に潜んでいるのではないだろうか。

読解指導は、そこから表現指導につながらなければならず、表現指導は読解指導と結びつかなければならないだろう。以下、読解指導について述べていくが、本書では概略しか説明することができない。次の機会があれば詳細に論じたいと思う。

さて、読解指導は、第一に、文章の形式の違いを意識させることに始まる。文章は小説、随筆（エッセイ）、評論の三ジャンルに大きくは分かれるが、これが表現指導のこれまで展開してきた種々の文章に対応するのである。したがって、その対応関係を意識させながら、読解も表現指導も行われるべきである。両者は、同じ学習が、方向だけは逆に展開されるものなのだ。

そして、この区別を意識しながら、三ジャンルのそれぞれを指導すればよい。

第二に、読解では、テキストに対応するような生活経験を考えることが必要である。テキストが「分かる」にも、二つの段階がある。テキストをテキスト内部の論理において理解する段階。これができれば、普通は「分かった」と考えるが、それでは不十分だろう。その理解が、読者自身の経験や社会問題と結びつけて理解できたときに、本当に「分かった」と言えるのではないか。このことは、テキスト（対象）理解から自己理解へと深化させることとも理解できる。これが表現指導に結びつく。

Ⅱ　小説の読解

小説は、「長いあいだの経験」などの経験文に対応する。したがって、その課題をテキストから理解させていくことが読解のポイントになる。

小説では、経験文とは違い、それが実体験ではない場合が普通だが、実体験がその基礎に存在することには変わりがない。また著者の「切実なテーマ」が全体を貫き、そのテーマを浮き彫りにするような「切実で重要な場面」が書かれている。

ここでは「描写」表現をじっくり鑑賞させたい。経験はどう表現されているのか。心情や考えはどう書かれているか。その根拠はどこか。

「具体的に書く」「読者に分かりやすく書く」ことは、どの表現に対応するか。「二つの自己相対化」（第二章九九ページ参照）は、どのように達成されているのか。

また、「山」の確認とその分析は小説理解の核心である。小説では「切実で重要な場面」が鮮やかな「山」の形で表現され、そこに人と人の衝突、内面の葛藤が描かれている。そこからどのような人間の「本質」、事柄の核心を読みとるかは、教師と生徒の「人間理解」「社会理解」「自己理解」にかかっている。

人との衝突を避けず、内面の葛藤をくぐり抜けることが人を成長させるし、それであって初めて「山」が文章に表れてくることを深く理解させたい。「対象理解」と「自己理解」の関係も押さえたい。それが経験文を書くための心構えにもなる。テーマ（問題意識）を深めていくための前提の確認でもある。

Ⅲ　随筆（エッセイ）の読解

随筆（エッセイ）は「長いあいだの経験から『考えたこと』」、つまり経験文を焦点化したものと理解させたい。その課題をテキストから理解させていくのだ。

長いあいだの経験から、どこにどのように「焦点化」が行われたのか、また主張の根拠としての経験の書き方、使い方も理解させたい。その構成はどうなっているのか。なぜそのように、根拠としての経験を並べたのだろうか。また、その中に現れてきた対表現にも注目させる。

そのナカミが、個別経験に基づく個人的感想にとどまるか、より一般的な主張にまで広がるかは、著者の調査のレベルや思考の深まりとも関係する。そして、その表現が一般的な形式へと進めば、それが「論文」である。

Ⅳ　評論文の読解

さて評論文であるが、それが「論文」「小論文」に対応することは言うまでもない。その読解にも、大きくは二つのポイントがある。第一に「論文」の形式を十分に理解することである。これは「論理トレーニング」になる。第二に論文のナカミの理解だが、それが生徒の生活体験と結びつけられるレベルにまで深めることである。

形式の理解の第一は、「各段落内部の形式」の理解である。それは①対（AとBが対立）と②言い換え（A＝B）と③媒介（CはAとBを結ぶ）の三つである。「媒介」は、本書で繰り返し描いてきた三角形の形式がその例である。なお、形式においては①対、②言い換え、③媒介の三つしかない理由は、論理を考える上で核心的な問題だが、本書では省略する。

第二には、全体的な形式の理解が必要なのだが、それは各段落の相互関係、つまりテキスト全体の立体的な構成が問題になる。そしてこの立体的構成が理解できたときに、その「内容」つまり「テーマと結論」が明らかにされる。つまり内容把握は形式理解を媒介にして初めて可能である。

3．媒介をおさえる

Ａ はＢによってＣとなる　　Ｂ はＡとＣを結ぶ

第三のポイントは、「媒介」を読むことにある。「媒介」とは、あるものとあるものとがもうひとつのあるものによって関係づけられている関係である。これは三つのものの関係だから、三角形で図示できる。

例：物語は、現在 を通して 過去と未来を媒介する。

☞図式化

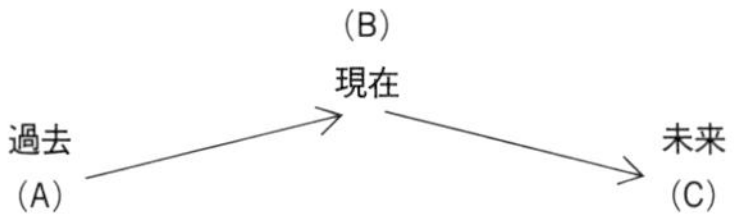

ステップ２　――立体的に読む　表題つけ――

◇　ステップ２は、一文ずつの単位ではなく、段落という単位ごとに文章を読む段階である。段落とは、著者が「あるまとまり」を意識して区切った単位であるが、ここでは、その「あるまとまり」がどんなものであるかを、「1．内容的な表題つけ」と「2．形式的な表題つけ」によって、言葉にする練習をする。最後に、文章全体の「テーマ」と「結論」をことばにすることによって、文章全体をまとめる。注意点は、これら三つの作業が同時に行われなければならない、という点である。

1．各段落に内容的な表題をつける
　★各段落のキーワードをおさえよ！
2．各段落に形式的な表題をつける
　★各段落どうしの関係を考えよ！
3．文章全体のテーマと結論をまとめる
　★著者の「問い」とそれに対する「答え」をまとめよ！

ステップ３　――経験から読む――

◇　著者が本文で述べていることが、自分の生活経験とどのように関係しているのかを考える。この段階こそが「読む」ことの目標とすべき段階である。それは、テキストを通じて自分の問題意識を読むこと、あるいは、自分の問題意識に答えを出すことに他ならない。

論理トレーニング

ステップ１　――論理的に読む　論理３点セット　対・言い換え・媒介――

◇　ステップ１では、一文の中にある論理、および、文と文との間にある論理を丁寧におさえていく練習をする。おさえるべき論理的関係は、「対」「言い換え」「媒介」の三種類である。これらを明示することば（＝論理記号）が出てきた場合、そのことばをシカクで囲んで意識することから始めるとよい。

１．対をおさえる
- ★対を表す論理接続詞をおさえよ！
- ★対の意味を考えよ！
- ★譲歩構造をおさえよ！

２．言い換えをおさえる
- ★言い換えを表す論理接続詞をおさえよ！
- ★指示語が何を指すかをおさえよ！（指示語のルール：指示語は直前を指す！）
- ★具体例をおさえよ！

３．媒介をおさえる
- ★媒介の三角形を図式せよ！
- ★媒介の意味を考えよ！

１．対をおさえる

Ａではなく Ｂ　　Ａ しかし Ｂ　　もちろん Ａ しかし Ｂ

文章を論理的に読むための第一のポイントは、「対」を読むことにある。「対」とは、あるものとあるものとの対立関係である。やさしくいえば、セットになってとりあげられているもののことである。

２．言い換えをおさえる

Ａ すなわち Ｂ　　Ａ 言い換えると Ｂ　　Ａ たとえば Ｂ

第二のポイントは、「言い換え」を読むことにある。「言い換え」とは、あるものとあるものとの相同関係である。やさしくいえば、同じことを別のことばで置き換えていることを言う。

また、評論に登場する特殊な言葉、つまり本質的な用語や論理用語・哲学用語に親しませておかなければならない。

評論の形式を理解するための手順とは、各段落内部の形式→全体の形式→「テーマと結論」、であることを、実感させておきたい。なぜなら、この流れを逆転させたものが論文を書く際の順番になるからである。つまり、「テーマと結論」(自分の言いたいこと)の把握→全体の形式→各段落内部の形式である。

この形式理解は、「論文」「小論文」の学習で、課題として説明したことと基本的には同じである。ただし、そこでは基本形として、「論文」を根拠(経験)→一般化、「小論文」を根拠(経験)→テキスト→一般化と捉え、その一般化部分を「問い」「分析」「答え」と単純化しておいた。読解で立体的構成を理解する際にも、基本的にはこうした形式から成立していることを確認しながら、一方では、その発展形としてさまざまなバリエーションがあることも学んでいくのだ。高校生が「論文」「小論文」を最初に練習する際には、そのもっとも基本的な形式から学習するとしても、後には、その枠をはずし、それぞれのテーマと題材、個性に合った形式と文体を、自由に選択していけるようにするためである。

Ｖ 「似たもの探し」の実際

「論文」の形式に習熟するためには、論理トレーニングが必要だが、それとともに重要なことは、テキストに普遍的な表現で書かれているナカミを生徒の生活体験と結びつけることである。

テキストに対応する生活経験を考える練習は、評論に限らず、小説でも随筆でも必要である。しかし、それが評論では一層重要になる。小説や随筆では、その根拠となる登場人物や著者の生活経験が書かれていることが多く、読者自身の生活経験に当てはめることはそれほど難しくない。しかし、評論はそうはいかない。評論では、一般化された表現を具体的な場面に置き直し、自らの生活経験で捉え直さなければならないからである。

評論で、テキストに対応するような生活経験を考えることを、「似たもの探し」として組織的に実践しているのが、東京の正則高校である。全国の高校でも、こうした練習が行われるようにしたいものである。以下は私が行っている「似たもの探し」の項目である。この(2)が「論文」の「分析」になっていることに注意してほしい。

「似たもの探し」

(1) テキストに似た経験を書く。

(2) その経験の、どこが、どうテキストに似ているのか。

(3) (2)から何がわかるか。

なお、生徒は「小論文」で、テキストを「自分の経験にひきつけ」なければならないのだから、こうした練習をしておくことは、そのまま「小論文」対策にもなっているのだ。

さて、ここで、前章（二一八ページ）で述べた、テキストの条件を思い出していただきたい。高校生の生活経験を振り返らせるためには、テキストが喚起力を持つものでなければならず、教師側の選択能力が問われるのである。以下に、私がよく使用している二つのテキストをあげて、簡単に読解の指導法を説明しておこう。

VI　テキスト例①　夏目漱石「私の個人主義」

本書第四章で取り上げた「論文」の基本形は、経験の「焦点化」↓経験の「一般化」であった。その形式で書かれているのが夏目漱石の「私の個人主義」の「第一篇」（『漱石文明論集』岩波文庫では一〇六ページの二行目から一二〇ページの二行目まで）である。

「私の個人主義」は講演だが、評論と捉えて良いだろう。

その全体は大きくは三つに分かれる。「第一篇」と「第二篇」、「世間からの誤解への弁明」部分。

この「第一篇」は、「いかに生きるべきか」「いかに自分の個性をつくるか」「いかに自分のテーマをつくるか」というすべての人に共通する問題をテーマにしている。それに対して「第二篇」は、あくまでも金と権力を持つ上流階層の若者を対象として語っている部分で、そうし

夏目漱石『私の個人主義』「第１篇」

Ⅰ　各段落内部の形式（省略）

Ⅱ　「第１篇」全体の立体的構成（106ページ　2行目からの段落に番号をつけて表示）

⑴　夏目の前半生〔夏目の経験〕

①　大学卒業から英国留学までの煩悶…1〜6段落

②　煩悶の理由…7〜10段落

③　英国留学とその後…11〜22段落

１）不安が消えず、絶望した…11段落

２）それまでは他人本位であったから駄目だったことを理解した…12〜14段落

３）自己本位でいく決意をした…15〜18段落

自力で文学の概念を作り上げることを自分のテーマと決める

４）不安が消えた…19段落

５）その後…20〜21段落

６）自己本位の意義の確認…22段落

⑵　夏目が経験から学んだこと〔経験の一般化〕…23段落〜

Ⅲ　立体的構成⑴「夏目の前半生」のテーマと結論

⑴　テーマ

夏目が不安を解決し、自信と安心を得るまでの経過はどのようなものだったのか

⑵　結論

他人本位であった時は、不安は解決できなかった。そのことに気づいて、自己本位でいく決意をし、それを実行してきたために、自信と安心を得た

Ⅳ　立体的構成⑵「経験の一般化」のテーマと結論

⑴　テーマ

夏目が自らの前半生から学んだことは何か

⑵　結論

若い人は、自分の不安（テーマ）に対して、納得いくまで考えて、自分の答えを出すべき

た立場の人間が他者（特に金と権力を持たない人）にどう対応して生きていくべきかをテーマにしている。世間では、後半に重点が置かれているようだが、高校生にとって切実なのは前半だと思う。

「私の個人主義」の「第一篇」は、前ページのような形式と内容を持っている。

その立体的構成は、前半の夏目自身の経験と、それを一般化した後半部分の二つに大きく分かれる。私たちが「論文」の基本形として学んだ形式である。それをしっかりと確認させたい。夏目は自らの半生の悩みと葛藤、その克服を、率直に読者に語り、それを根拠として、人生いかに生きるべきかに答えようとしている。これが、こうした問題に対する基本的なスタンスであることを、理解させておきたいのだ。それが、本書での「論文」の基本形だからだ。

後半の「一般化」部分では、「問い」「分析」「答え」が区別こそされてはいないが、そこから読みとれる「問い」と「答え」をおさえておきたい。また、前半での大きな転換が「他者本位」と「自己本位」の対でまとめられていることも理解させたい。

「第一篇」の主題は、「人生を貫くようなテーマをどのようにつかめばよいのか」、つまり「どのように生きればよいのか」なのだが、それを夏目は「個性」と呼んでいる。それは「第二篇」の冒頭で明らかになる。

この「第一篇」の一般化部分をテキストにした「小論文」の例は、前章二二四ページ以降で示した。

VII　テキスト例②　丸山真男「『である』ことと『する』こと」

夏目の「私の個人主義」「第一篇」が、経験→その一般化という「論文」の基本形であったのに対して、根拠（経験）→テキスト→一般化という「テキストを媒介とする論文」形式の例として、丸山真男「『である』ことと『する』こと」（岩波新書『日本の思想』に収録）の第一節「権利の上にねむる者」と第二節「近代社会における制度の考え方」（一五四ページから一五八ページ）を取り上げて説明しよう。

この構成は、まず第一節第一段落で、丸山自身が大学で受講した民法の授業の話から始まり、そこで「時効のロジックにはどういう意味があるか」という問いが立っている。

次の第二段落と第三段落では、その経験の意味を考えるために、「似たもの探し」を丸山自身が行っている。ただし、自分の経験ではなく、それを扱ったようなテキストを二つ選んでいる。日本国憲法とアメリカの社会学者の発言だ。これが問いを考えるためのテキストなのである。

次の第二節第一段落と第二段落は、このテキストから経験の意味を分析した部分。ここで、個人的な自由を考えた第一段落と、社会的な自由を考えている第二段落が「個人」と「社会」の対になっていることに注意させる。

この「分析」をまとめた「答え」が第三段落であり、その答えの「哲学」のナカミを言い換

第５段落…（譲歩）

┌ 区別の限界（マイナス面）
└ 区別の意義（プラス面）

二つの図式想定により、

①測定の基準、反省の手掛かりを得ることができる。

そればかりでなく

②ある面では非近代的で、他の面では過近代的である現代日本の問題を考える手掛かりになる

Ⅱ．立体的構成

⑴経験から問題提起（テーマ）　…第１節第１段落

⑵問題を考えるためのテキスト

イ．日本国憲法 12 条　…第１節第２段落

ロ．アメリカの社会学者の発言　…第１節第３段落

⑶テキストからの分析

┌ イ．個人の自由　…第２節第１段落
└ ロ．社会の自由（民主主義）　…第２節第２段落

⑷結論

イ．結論（客観的結論）　…第２節第３、４段落

ロ．結論の意味（主体的結論）　…第２節第５段落

Ⅲ．テーマと結論

⑴テーマ

時効のロジックにはどういう意味があるか。

⑵結論

イ．近代社会を規定している哲学（＝「する」論理）であり、前近代の「である」論理に対置される。

ロ．この図式を想定することによって我々は

①測定の基準、反省の手掛かりを得ることができる。

そればかりでなく

②ある面では非近代的で、他の面では過近代的である現代日本の問題を考える手掛かりになる

丸山真男『日本の思想』第Ⅳ章「『である』ことと『する』こと」第１、２節

Ⅰ．各段落内部の形式

（最初の「前置き」と第１節「権利の上にねむる者」は省略しました）

第２節　近代社会における制度の考え方

第１段落…
- 自分は自由　であると信じている人間（無意識）
  - →偏見からもっとも自由でないことがまれではない

逆に、
- 自分が「捉われている」ことを意識し、
  - 「偏向」性をいつも見つめている者（する）
  - →相対的に自由になり得るチャンス

「偏向」性をいつも見つめる

↗　↘

自分が「捉われている」ことを意識　　相対的自由

制度について「も」これと似たような関係

第２段落…民主主義は人民が
- 制度（手段）の
- 自己目的化＝物神化を警戒し、監視、批判する姿勢によってはじめて生きたものとなり得る。

人民の批判の姿勢（＝民主化）

↗　↘

民主主義　　生きた民主主義

＝つまり自由と同じように民主主義も　不断の民主化によって辛うじて民主主義

→そこに民主主義的思考とは
- 定義や結論（結果）より
- プロセス（過程）を重視するといわれることの最も内奥の意味あり

第３段落…このように見てくると、

債券は行使することによって債券でありうるというロジック（第１節第１段落）は

近代社会の制度やモラル、

ものごとの判断の仕方＝「哲学」にまで広げて考えられる。

第４段落…
- プディングの中に「属性」として味が内在していると考える
  - ＝概念実在論＝「である」論理・価値＝ドグマ＝先天的権威通用
  - ＝to　be　or　not　to　be　（前近代的精神）
- 食べるという行為を通じて美味かどうか検証されると考える
  - ＝唯名論＝「する」論理・価値＝機能と効用を問う（近代精神）
  - ＝to　do　or　not　to　do

えて「である」と「する」の対で説明したのが第四段落である。それを踏まえて、次の展開への問題提起をしたのが第五段落。さて、以上の全体が、根拠（経験）↓テキスト↓一般化と流れており、その「一般化」部分も「分析」と「答え」になっていることがお分かりいただけよう。

このように、一流の学者の難解なテキストも、私の提案する「小論文」（「テキストを媒介とする論文」）の基本形になっていることを確認しておきたい。それは自らの経験を起点とし、関連するテキストの調査に基づいて、考えを深めているのだ。

Ⅷ　テキストに対応する高校生の経験

さて、テキストの形式が理解できた段階で、内容（テーマと結論）をおさえる。そして次には、テキストの一般的な表現を自分の個別的な経験で具体化するのだ。それができて初めて、「分かった」と言えよう。

テキストに対応する生徒の経験を書いてもらう。「似たもの探し」である。以下は、高校三年生の経験作文である。丸山のテキストの第二節第一段落「自分は自由であると信じている人間は偏見からもっとも自由でないことがまれではない。逆に自分が『捉われている』ことを意識し、『偏向』性をいつも見つめている者は相対的に自由になり得るチャンスに恵まれている」（媒介の三角形になっていることに注意）について思い出される経験を書いてもらった。なお、ここでの経験とは、第一段階の直接的な生活経験だけではなく、第二段階の調査活動をも間接経験として含む。ただし、間接経験の場合は、その調査の背後にどのような「自己理解」があるのかを考えさせる指導が必要だ。

さて、こうした「似たもの探し」は、どのように指導すればよいのか。

経験一　高三女子

私の学校はキリスト教の学校で、何かいいことがあると「神様の愛が……」や悪いことがあると「神様が与えてくださった試練だ」と幼稚園のころから言われ続け、納得してしまっているところがあった。

しかし、世界史でイスラム教を知り、とても驚いた（踊っていると、神様から啓示がある）。世界史を勉強することで以前はキリスト教的視野で物事を考えてしまっていたが、広い視野を持てるようになったと思う。

経験二　高三男子

戦前、日本の警察の事実認定は全くdue process（適正手続）を欠いていたため冤罪の数はまさに枚挙に暇がないものだった。疑わしきは罰せずという、無罪推定の証拠法上の手続原則から出発するのではなく、疑わしきは罰するという、有罪推定の原則から出発し、それを有罪に持っていくために、何よりも自白を重大視し、本人が自白すれば、それ以上の確かな黒はないとして有罪判決を下してしまっていたらしい。もしその自白が拷問に耐えかねた末、楽になろうとして言った嘘であったらどうするのであろうと私は思った。またここには、容疑者を犯罪者とみなすべく、自白以外の明白な証拠がない。つまり途中の手続（due process）なくして有罪になってしまう事態だった。

日本は戦後、米国により国家社会主義から民主主義への転換も余儀なくされた。欧米諸国の人民が長い間苦しみ、民衆が勝ち取ったことを、日本人は皮肉にも戦争に勝った米国側から言い渡された。日本人は、それを自らの手で勝ち取ったわけではないので、喜びも欧米市民のそれには及ぶものではないと思う。しかし、もはや権力者の主観的で恣意的な判断のみが絶対的なものとみなされる時代ではなくなった。だから民主主義的思考は、結論を急ぐものではなく、due processを重視するべきものだと思った。

経験三　高三男子

私は前々から長距離のマラソンが早いことで名が通っていた。中学三年の時の部活動でのマラソンは常に学年一位をキープしていて二学年上の先輩と一緒に走っても常に一位か二位であった。しかし、部活をやめて現役を離れてから走る機会が少なくなってきた。それから半年がたった。私学年も高三になった初めの体育のスポーツテストで一五〇〇メートル走を走ることになった。私は前々から足が早いといわれ、自分でもその気になっていった。しかしかつての気分で走ったところ、途中でバテて現役の人々に抜かれ、結果は悪くはなかったものの体力の衰えを感じた。

終わった後に、軽く走ったところ、両足のつま先からをふくらはぎのすべての筋肉がつり、立てない状態にまでなってしまった。

一般に現役を離れて体を動かす機会のない人は、たいして走れないのはあたりまえかもしれないが、皆の前で足をつって仰向けに倒れた自分がとても情けなく感じた。

経験四　高三女子

私が中学三年のころ、友人Aがクラス中の人から嫌われた。私はそのころ、自分には何の問題もなく、Aだけに欠点があると思った。そして私はその時からずっとAの欠点探しだけをしていた。Aが「私好かれている」といったことに対しても、私はAが悪いと思っていた。だから私は回りの友人にAの悪口を言った。そして、常にモヤモヤした関係で終わってしまった。

今考えると、私はAが嫌われたときから、自分は何も変なことをしていない、自分は普通であると常に思っていた。そしてAの陰口を言うことが悪くないことになってしまった。

これは、まさに私に問題があった。


「経験一、二」は一般化を他の一般的事例で言い換えたもので生活経験ではなく、間接経験である。しかし、「経験一」が通り一遍のものであるのに対して、「経験二」は著者の関心のある法律に引きつけて、よく調べていることを評価したい。こういう人には、なぜ法律や警察の事実認定に関心があるのかを、聞いてみると良い。その中から、当人の大切な生活経験が浮かび上がってくるかも知れない。その場合は、その直接経験からさらに「似たもの探し」をさせると良い。本当は自分の生活経験のトラブルの中からこうした法律の問題を考えられなければ力にはならないだろう。

「経験三、四」は生活の中で捉えようとしている。しかし切実さの点では四の方が上である。四は感情的で不明な点が多いが、著者にとって大切な問題を考えようとしているのは伝わってくる。内面の葛藤も大きそうである。こうした経験から考えてこそ、丸山の「『捉われている』ことを意識する」ことの意味が理解できるだろう。「『捉われている』意識」がなぜ「自由」への運動を生み出すのかも。

こうしてテキストに対応する経験が出せたなら、「似たもの探し」の課題二「その経験の、どこが、どうテキストに似ているのか」、課題三「課題二から何が分かるか」を書いてもらう。実は、これが、テキストの論理による経験の分析（ここでは媒介の三角形のA、B、Cの三点に、経験のどこがどう対応するかを考えること）になっているのである。そして、ここまでが「小論文」の原型となっていることに注意されたい。

以上の「似たもの探し」の練習を繰り返し、経験と普遍的表現の関係が実感できた時に、論文を書く段階に進むことができるのだと、私は考えている。

付録——「国語演習通信」のプリント例（八一ページ参照）

国語演習通信

○○
学園高校
3の1
3の3
3の4

2005
5月20日

No 8

授業びらき（続）

「相談室」（2）

――中三女子の悩みに答える

生きることは死ぬこと

3の3　N

「死」ということは誰でも考えた事があると思います。そして「死」ということを怖いと感じる人は大勢いるでしょう。では、なぜ死ぬことは怖いのでしょう。死後の世界は天国かもしれないし、昔、死に別れた人にだって会えるかもしれない。しかし、それと同時に、今一緒にいる友達とは会えなくなる。結局、「死」より「別れ」が怖いのでしょう。僕も去年、祖父が亡くなり、とても悲しみました。でも、祖父が亡くなったというより、祖父に二度と会えなくなることが悲しかったです。そして、僕が祖父の死から感じとった事は、生きるという事は、死ぬという事です。だから、死を恐れることは、生きることを恐れているのだから、今を精一杯生きれば、死に対して恐れることはなくなるでしょう。

（評）N君は、「死を恐れることは生きることを恐れている」のだと言っています。これは、道元が『正法眼蔵』の「生死」の巻の中で述べていることと重なり合います。道元は「この生死は仏の御いのちなり。」と言っています。この場合、「仏」というのは、「宇宙のいのち」のことです。生死を拒絶することは宇宙のいのちを拒絶することだというのです。岩波新書の『大往生』（永六輔）の中にも、無名人の言葉としてこんなのがありました。「死ぬということは、宇宙とひとつになるということ」。

そうはいうものの、道元はまた、別な所で「しかもかくのごとくなりといへども、華は愛惜に散り、草は棄嫌に生うる（花は惜しんでも散りゆき、草は嫌でも繁りはびこる）」とも言っています。

こんなことを書いていると、いつも思い出す生徒の作文があります。十三四年前の作文ですが、それを紹介してみることにします。

祖父の死

女子（平成四年・二年生）

人ひとりが死ぬことって、こんなに大きかったんだ……。

今年の一月、父方の祖父が亡くなった。十六年間、私が生まれてからずっと一緒に暮らしていた祖父。三つか四つのとき、庭の草引きをしていた祖父が、

「じいちゃんが死んだら、この草、誰が引くんだろうなあ？」

と私に言った。おじいちゃんが死ぬ……？まだ幼かった私は、

「お父さんが引くんじゃないの。」

と答えた。お父さんがおじいさんくらいの年になって、おじいさんが今よりずっと年をとって、草引きができなくなったら、お父さんが草を引くんだ、と考えたから。決して祖父がいなくなったから父が草を引くんだ、とは思いませんでした。まだ人が死ぬことなんてよく分かっていなかったから。

私が家に帰ると、祖父が寝ている部屋からは、（以下略）

国語演習通信

○○
学園高校
3の1
3の3
3の4

2005
7月19日

No 12

経験を書く（2）

［批評編］

＊「友達が教えてくれたこと」（Aさん）への批評

［他者批評］

○自分はこのようなことがなかったけど、このことは生きていく上でいい経験になっただろうと思う。僕もお母さんが言った「友達はいらなくなったら物みたいに捨てられるものじゃない」という言葉に感動した。（B君）

○実際の会話を細かくあらわしていて話がわかりやすかった。でも、途中で彼女に対する「嫌い」に似た思いが出てきたところのAさんの心情をもっと深く知りたいと思った。（Cさん）

○相手の女の子の心境をもう少しくわしく書いてもよかったと思う。（D君）

[程塚評]

彼女に対して「『嫌い』に似た思い」を持つようになってしまったのは、出発点に問題があったのではないか。「彼女は親の愛を知らないのか。ならば、私が支えてあげよう。」と思ったのは、彼女への憐憫の思いではなかったか。「憐憫」は人間として対等の思いではない。彼女に対して傲慢であったように思う。

題は、「友達が教えてくれたこと」よりも「母が教えてくれたこと」の方がぴったりする。

＊「外見からくる印象」（Eさん）への批評

[自己批評]

1　題材について

すっごくくだらないことを題材にしてしまった。自分のいつも気になっていることを取り上げているだけに、思うままかけていると思われる。

2　ものの見方・考え方について

すごく一方的、主観的なものの捉え方しかできていない自分がくやしいと思う。まだ幼稚な考え方である。自分の主張を押しつけている感じがする。

3　書きあらわし方について

文体だけは気をつけている。改行がうまくできていない。文がだらだらとしていて単調である。

4　全体的な感想・意見など

漢字や文体には最大限気をつけているが、魅力のない文章、語彙が足らないように思える。一般的な考え方、文章力など、児童文学にばかり固執して読まないで、難しい文章をもっと読むべきだと思う。

[他者批評]

○みょうに納得した。確かに私は、無意識のうちに人を第一印象で判断することが多い。ケドそんなんじゃ

（以下略）

あとがき

本書を手に取っていただいた方、購入していただいた読者のみなさまに、まずはお礼を申し上げたい。本書は「さらっと」「気楽に」読める本ではない。ごつごつしているし、ナカミも重い。消化不良を起こしかねない。しかし、ゆっくりと時間をかけて味わっていただければ、必ずや滋養が得られる本だと自負している。

日本の表現指導を何とかしたい。その思いだけで、この二〇年あまり懸命にやってきた。表現指導の本を出版したいと考えるようになって、すでに一〇年近くになる。その一〇年はやはり必要な時間だったと、今は思う。この間、私は数多くの実践家と知り合い、研鑽を重ねることができた。それによって、自分のやっていることの意味と全体における位置づけを、繰り返し考えてきた。その中で私の考えにも変化があった。もちろん根本は変わっていない。そもそもの問題意識やそれを解決する方向性は変わりようがない。その上で、個々の方法は格段に進歩したと思うし、一つ一つの流れや方法への理解が深まった。

読者が、私の根本的スタンスを手短にお知りになりたければ、序章に当たっていただきたい。そして関心をもっていただけたなら、第一章を丁寧にお読みください。「観念病」と「情緒病」、「作文」と「論文」の分裂など、私の根本の問題意識が並んでいる。その問題意識に共鳴していただけたなら、

第二章から第五章までをざっと読んでみてください。私の方法が、指導の順番に従って、説明されている。最終章の読解指導は、本来は表現指導と一体のものだが、便宜的に切り離して説明した。そこにある「論理トレーニング」表（二五二、三ページ）は、表現指導においても前提だし、本書の叙述の前提でもある。「対・言い換え・媒介」（論理三点セット）は断りなしに、本文中で多用されるので、最初に目を通しておいていただくと良いかも知れない。

本書の類書との一番の違いは、生徒作品の多さであり、実際の生徒作品に即して発言している点だと思う。私は表現に関する本を読んでいつも不満だった。まず、生徒作品がない。または、少ない。あっても、完成品がぽつんと展示されるだけだ。その背後で何があったのかがまるでわからない。「能書きはたくさんだ」。どんなに良いことを言われても、「絵に描いた餅」ではしかたあるまい。すべてはその果実によって判断されるべきだ。表現指導の場合は、生徒作品がそれに当たる。

私が見たいのは完成品ではない。その制作過程や制作現場が知りたいのだ。工房の中で、どのようなことが起きているのか。個々の文章と実際の指導とがどう関係しているか。一人の高校生の成長が、それらとどう関わっているのか。私はそうした舞台裏を全部オープンにすべきだと思う。

本書では、高校生の文章が、個々の指導によってどう変化したか、それを丁寧に追っていくようにした。私の指導の跡は露わになっている。本書で私が誇れるのは、私の指導の正しさなどではない。私の指導過程がガラス張りであり、読者はその当否を、実際の生徒の文章に即して検証できることだ。

方法の議論はとかく空中戦となり、空疎な観念論的なやりとりが続きがちだ。議論するなら、互いの生徒作品を持ち寄って、現物に即してやろうではないか。それを議論の「作法」としたいものだ。

そうしたわけで、本書の最大の「売り」は、生徒作品の豊富さだ。読み応えのある作品をずらりと並べたい、と思った。ワクワク、ドキドキ、ハラハラ。読者には、面白く読んでいただきながら、私の方法を理解してほしいと願ったからだ。

したがって、本書の主役は彼等、高校生の書き手であり、私は裏方の演出家にすぎない。ほとんどの作品は雑誌に掲載されたものだが、本書で初めて掲載されるものもある。いずれにしても、掲載を了解してくれた元生徒諸君に感謝。本当にありがとう。

掲載した高校生の文章は一九九七年から二〇〇四年にかけて書かれたもの。第一章の正則高校の生徒作品以外は、すべて私の指導した生徒の作品である。文章には原則、私の手を入れていない。傍線や記号、［　］などは私が入れたものである。私が段落分けをしたり、一部省略したところがある。個人名は伏せた。

読者の中には、これら掲載作品に「いじめ」や「不登校」などの重たいテーマや特殊な題材が多いように感じた方もいるかも知れない。しかし、ごく「普通」の作品を軽視したわけではない。「読み応えのある作品」を選んだ結果である。本当は、「普通」が普通であることで輝くような作品をたくさん掲載したいと思う。しかし、現代は、普通が普通であることがムズカシイ時代ではないだろうか。

また、女子の作品が多くなっている。これも他意はない。私の生徒に女子が多く、「小論文」やAO入試の受験生に女子が多いという現状をそのまま反映しているのだろう。しかし、それは偶然ではないと思う。高校までは女子の方が、男子に比べて断然元気が良く輝いているからだ。それが社会に出ても続かないのはなぜなのだろうか。何か、私たちの社会に構造的な大問題があるのではないか。

読者の方々で、今の高校生の生きのいい文章をたくさん読んでみたい方には、「高校作文教育研究会」が毎年刊行している『年刊文詩集　日本の高校生』をお薦めしたい。生徒への事前指導の際の参考作品としても利用していただけると思う。

本書のナカミのほとんどは、私が他から学んだものである。私のしたことは、実践の中からそれを整理し、少しばかり工夫を加えたにすぎない。本当に、実に多くのことを、私は先人や仲間の方々から学んできたのだ。感謝の思いで、そのリストを挙げたい。

第一に挙げなければならないのは、ヘーゲル哲学研究者の牧野紀之だ。私の三〇代（一九八〇年代後半）は、彼の元での修行で終わった。彼からはヘーゲル哲学はもちろんのこと、読解や表現の基礎、何よりも生き方と考え方の基礎をたたき込まれた。彼は「生活のなかの哲学」を標榜するが、これが私の背骨部分になっている。本書には、いたるところにその影響があるだろう。

牧野の元でともに学び合った仲間と、国語専門塾「鶏鳴学園」を作った。そこで、中学生、高校生の「国語」を指導して、すでに二〇年以上になる。今では大学生や社会人対象のゼミも組織している。そこで、仲間と共に、読解や表現指導の研鑽をしてきた。表現指導では特に永尾俊彦から学んだ。第五章の「小論文」の構成は、彼の発案による。第六章の「論理トレーニング」表をまとめたのは松永奏吾だ。

私が表現指導を始めたとき、どうやったらよいのか、まるでわからなかった。読解法は牧野から学んだ方法の「応用」でできそうだ。しかし、高校生への表現指導になると自分で一から作っていくしかなかった。その手がかりになりそうなものを必死で探した。その時に、大村はまさんに出会った。

彼女の方法は徹底的に学んだ。書いてあることはすべて一度はやってみた。使えそうなものは残り、そうでないものは捨てた。彼女は表現指導における、私の最初の師である。教育の中心は教師の「自己教育」にあること。指導には形式面が重要で、徹底的に具体的でなければならないこと。それを学んだ。

一応、何とか形が整ってきた段階で、国分一太郎の著作を読みあさり、生活綴方運動の遺産と取り組んできた。これは、面白くてたまらなかった。日本にもこれだけすぐれた教育実践があったことに驚き、また嬉しかった。それは明確に「生活のなかの哲学」を志向し、日本社会に根ざした教育手法だった。その教育実践には魅了されたし、勇気づけられた。学んだことは数多いが、理論的には特に「指導段階の定式」を挙げたい。これは子どもの認識の発展に即した指導方法をまとめようとしたものだ。この問題意識自体とその実践には頭が下がる。しかし、それは論文の前段階で止まっている。これを継承して、論文の指導過程を解き明かすことが私の目標になった。生活綴方運動の後継者である「日本作文の会」からも、当然学んできた。しかし、その現状には批判も持っている。作文と論文の分裂に手をこまねいていると思える点だ。

一九九五年から二年間ドイツに留学した。哲学研究以外にドイツの作文教育の伝統を調査してみた。日本の生活綴方運動に似た系譜があり、日本とよく似た指導法が存在していることに興味を引かれた。授業を見学し実践家との交流もできた。楽しかった。

九七年に帰国後、「日本作文の会」の常任委員である古宇田英子さんと共に、高校生段階の全国組織「高校作文教育研究会」を作った。この会では、これまでに全国のすぐれた実践家、研究者二〇〇人ほどとお会いすることができた。教科も国語だけではなく、理科、社会、保健体育など多彩である。

指導の現場も、中学から高校、看護学校や大学まで。公立校や私学、塾や予備校も含まれる。教育困難校や定時制から進学校までと多様だし、地域でも北は北海道から南は沖縄まで、本当に幅広い。二〇〇五年には「総合学習と表現」をテーマにし、全国の一〇校以上のすぐれた実践報告を受け、研究することができた。

この研究会で出会った数多くの素敵なみなさん、本当にありがとう。こうした研究会を長年切望してきた私には、本当に夢のようなことだった。特に茨城で数十年にわたって表現指導に打ち込まれてきた程塚英雄さん。彼と出会えたのは幸せなことだった。古宇田英子さんとはよく喧嘩をしてきた。「喧嘩するほど仲がよい」と仲間に揶揄されながら、共に頑張ってきた。熱い熱い思いを共有する仲間と、研鑽できる喜び。教師の方々には、こうした研鑽の場に参加されることを、強くお薦めしたい。

最後になるが、東京の私学、渋谷教育学園・渋谷高校の生徒と先生方にも深い感謝の気持ちを表明しておきたい。私は二〇〇一年度からここで、高三生の選択授業「小論文演習」を指導している。理事長・校長の田村哲夫氏の強い要望を受けてのことだった。二〇〇四年度からは受講生が増えたこともあり、程塚英雄さんとＴＴで指導している。国語科の先生方には全面的に支えていただいてきた。他教科の先生方にも助けていただいた。何よりも、熱心な生徒たちに学ぶことが多かった。彼等の作品も、本書には多数収録されている。

以上の長い長いリストに挙げさせていただいた方々や組織。これらのみなさんに支えられ、むち打たれて、何とかやってきました。すべてのお名前を挙げられませんが、心より感謝しています。

「小論文」入試やＡＯ入試の取材では、大学や予備校、高校の先生方にずいぶん協力していただいた。「小論文」入試では慶應大学の法学部、文学部、SFC、早稲田の一文など。AO入試では、私学の慶應大学の法学部とSFC、早稲田の政経、国際教養学部、立教大学など。国立大の筑波大学、東北大学、九州大学など。入試全般では、東大や京大の担当責任者からもお話を伺っている。個々のお名前を挙げられないが、心より感謝しています。

特に、九州大学高等教育総合開発研究センター、アドミッションセンターの渡辺哲司氏には、私ども「高校作文教育研究会」で報告までしていただき、AO入試、志望理由書、面接や「小論文」などについて、意見交換をすることができた。ありがとうございました。

本書は、これまでに総合雑誌や教育誌に発表してきた拙稿を基礎として、現在の到達点をまとめたものだ。

本書の中核部分は、『月刊国語教育』に掲載していただいたものが元になっている。「高校生の文章における『観念型』と『情緒型』」（一九九七年一二月号）、「論文指導と『生きる力』」（二〇〇〇年六月号から一一月号）、「続・論文指導と『生きる力』」（二〇〇二年二月号から七月号）、「『生きる力』のための論文指導」（二〇〇四年四月号から九月号）。

第三章では、昨年二〇〇五年度に一年間『月刊高校教育』に連載させていただいた「総合学習の現状と課題」（二〇〇五年四月号から〇六年三月号）が基礎になっている。

「小論文」入試やAO入試など、大学入試については、『中央公論』に「大学入試に小論文は必要か」（一九九七年一二月号、拙著『高校が生まれ変わる』中央公論新社に収録）、「学生に『来ていただく』大学入試の始まり」（二〇〇六年二月号）などを発表してきた。

これらの掲載に当たってお世話になった編集者の方々には、心からの感謝の念を捧げたい。『月刊国語教育』の青木陽子氏、『月刊高校教育』の編集長花岡萬之氏、二井豪氏。『中央公論』の編集長間宮淳氏、井之上達矢氏。そして、最後になるが『中央公論』の元編集長の宮一穂氏。宮氏に本書の出版を相談したのはもう九年前のことになる。「まずは、自分の読者を自分で作り増やすことだ。それから出版すればよい」とのアドバイスを受けて、その後教育について発言することが多くなった。そして、今、出版にこぎ着けた。長い間の約束を果たした気持ちだ。

本書の出版にあたって、全面的に支えていただいた大修館書店編集部の伊藤進司さん。本当にありがとうございました。伊藤さんとは二〇〇〇年に大修館書店のPR誌『国語教室』に寄稿した際に知り合った。伊藤さんは拙稿に広く目を通しており、私の考えや方法に強い関心を持っていただいていた。本書の原稿がまとまるまでには、「読者代表」である伊藤さんとの激しいバトルが二ヶ月間続いた。本書が少しでも読者にわかりやすく、読みやすくなっているとしたら、伊藤さんのお陰である。

最後にもう一度。本書を読んでいただいた読者のみなさまには、心よりお礼を申し上げたい。本書が、多くの読者の方、特に教育現場で指導する立場の方々に読まれることを心より願っている。そして、何よりも若い読者の方々に期待している。本書で表現指導に関心を持っていただけた方は、是非「同志」として、研鑽の場に加わってください。

二〇〇六年六月一三日

中井浩一

〔連絡先〕
113-0034　東京都文京区湯島1－9－14　プチモンドお茶の水301号
鶏鳴学園
TEL　03－3818－7405／FAX　03－3818－7958
メールアドレス　ko-nakai@js6.so-net.ne.jp
ホームページ　http://www.keimei-kokugo.net/
「高校作文教育研究会」の情報は、このホームページでご覧いただけます。

[著者略歴]
中井　浩一（なかい　こういち）
1954年東京都生まれ。京都大学文学部卒業。現在国語専門塾「鶏鳴学園」代表。30代にはヘーゲル哲学研究に没頭し、牧野紀之氏のもとで「生活のなかの哲学」を学ぶ。国語教育、作文教育の研究も独自に続け、95〜97年にはドイツへ留学。緻密な取材に基づいた教育評論にも定評がある。著書に『高校が生まれ変わる』（中央公論新社）、『論争・学力崩壊』『「勝ち組」大学ランキング』『高校卒海外一直線』『徹底検証・大学法人化』（中公新書ラクレ）などがある。

脱《だつ》マニュアル小論文《しょうろんぶん》——作文《さくぶん》と論文《ろんぶん》をつなぐ指導法《しどうほう》

NDC375／vi, 279p／19cm

初版第1刷——2006年8月10日
第2刷——2010年9月1日

著者——中井浩一《なかいこういち》
発行者——鈴木一行
発行所——株式会社大修館書店
〒101-8466　東京都千代田区神田錦町3-24
電話03-3295-6231（販売部）03-3294-2354（編集部）
振替00190-7-40504
[出版情報] http://www.taishukan.co.jp

装丁者——鳥居　満
印刷所——壮光舎印刷
製本所——三水舎

ISBN978-4-469-22182-4　Printed in Japan